跟着阿槑游中国

跟着阿槑 mei
游 运河

阿槑 著绘

南京出版社

图书在版编目（CIP）数据

跟着阿槑游运河 / 阿槑著绘. -- 南京：南京出版社, 2022.9
（跟着阿槑游中国）
ISBN 978-7-5533-3712-8

Ⅰ.①跟… Ⅱ.①阿… Ⅲ.①大运河－旅游指南－江苏－通俗读物 Ⅳ.①K928.42-49

中国版本图书馆CIP数据核字(2022)第073427号

丛 书 名：跟着阿槑游中国
书　　名：跟着阿槑游运河
作　　者：阿槑
出版发行：南京出版传媒集团
　　　　　南 京 出 版 社
　　　　　社址：南京市太平门街53号　　邮编：210016
　　　　　网址：http://www.njcbs.cn　　电子信箱：njcbs1988@163.com
　　　　　联系电话：025-83283893、83283864（营销）　025-83112257（编务）

出 版 人：项晓宁
出 品 人：卢海鸣
责任编辑：朱天乐
装帧设计：南京玲珑天文化发展有限公司
责任印制：杨福彬

印　　刷：江阴金马印刷有限公司
开　　本：710毫米×1000毫米　1/16
印　　张：13.25
字　　数：159千字
版　　次：2022年9月第1版
印　　次：2022年9月第1次印刷
书　　号：ISBN 978-7-5533-3712-8
定　　价：48.00元

用微信或京东
APP扫码购书

用淘宝APP
扫码购书

畅游大运河

徐州黄楼

连云港花果山

宿迁御碑亭

淮安周恩来
纪念馆

扬州文昌阁

镇江北固楼

南京夫子庙

常州舣舟亭

大运河江苏段

欢迎来到

苏州盘门

阿槑（méi）

我是阿槑，喜欢旅游、喜欢吃。现在我行走在运河沿线的城市中，希望能够领略大运河的文化魅力！

小渔童年年

大家好，我是小渔童年年，生活在大运河边的小渔村里。我喜欢去运河钓鱼玩耍，喜欢听爷爷说关于运河的故事，我知道好多运河传说哦！

小锦鲤

你好！我叫小锦鲤！这是年年给我取的名字。我的目标就是，找到龙门，找到家门！

城中华鹿鹿园

泰州·溱湖
国家湿地公园

南通濠河

无锡鼋头渚

目录

目录

苏州

烟雨朦胧的吴越风情

SU
ZHOU

运河吴门第一镇
望亭驿

相传在 2500 多年前，苏州城总设计师伍子胥，凿开了一条通往北方的胥溪，这便是中国乃至世界上有史记载的最早的运河，算是大运河的雏形，也让苏州成为"国之粮仓"。因此，运河寻家的第一站，阿粿、年年、小锦鲤便选择了苏州。

河水蜿蜒流过，串联起望亭古镇千年的历史与繁华。作为运河吴门第一镇，大运河苏州段的起点就在这里。望亭原名御亭，是三国时期孙坚所建；唐代改御亭为望亭，沿用至今。康熙和乾隆二帝南巡，都曾在这儿驻跸。

在这里，三人找到了一条长长的回廊，上面挂满石碑，名曰"运河百诗碑廊"，这里收录了 100 多位名家咏赞运河的诗篇。在众多诗篇中，有不少与苏州园林关系密切，于是三人决定前往著名的苏州园林，寻访龙门所在。

流动的工笔重彩

苏州园林

阿槑记得语文老师讲过，苏州古典园林发源于春秋，发展于晋唐，繁荣于两宋，全盛于明清。

苏州古典园林中，拙政园、留园、网师园、环秀山庄、沧浪亭、狮子林、艺圃、耦园、退思园被列入《世界文化遗产名录》。

TIPS

著名作家、教育家叶圣陶老先生深爱苏州园林艺术，曾为此专门作文《苏州园林》，该文被选入中学语文课本，成为无数人难忘的文学记忆。

三人园林中漫步，看到鳞次栉比的亭台轩榭躲在郁郁葱葱的花草树木中，好似犹抱琵琶半遮面的美人；假山层峦叠嶂，与池塘彼此呼应，传递出一种"虽在山水间，更似诗文里"的浪漫气息，无论从哪里观赏都是一幅精美的山水画。

浮雕 石函

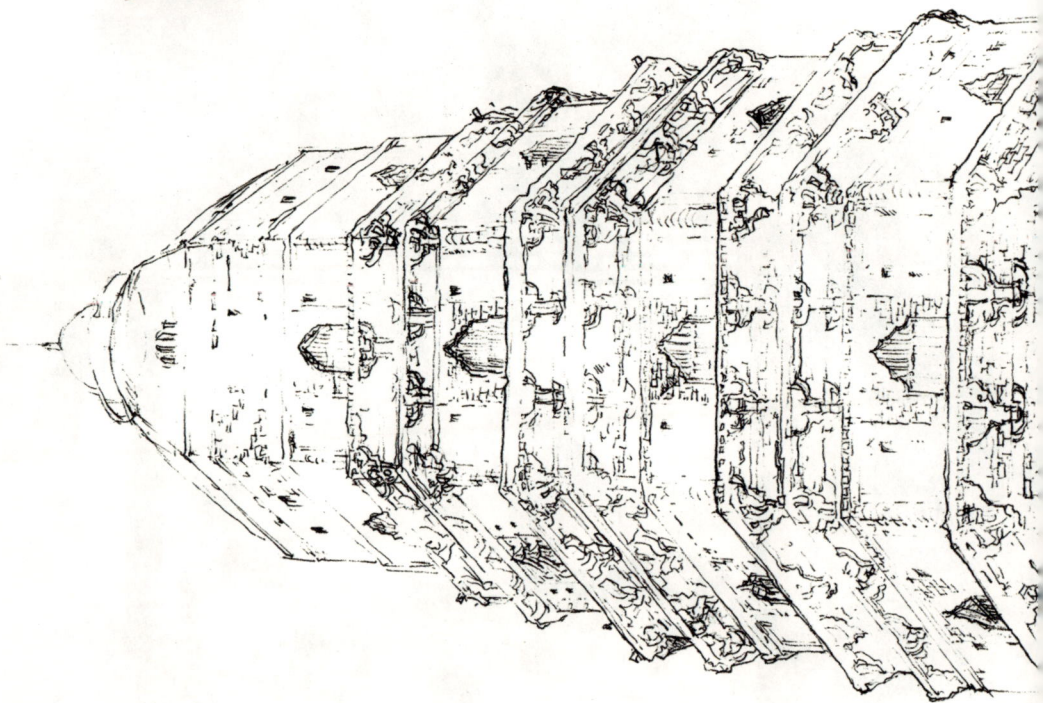

『八荒洞然，万籁齐发』

虎丘塔

在众多精巧的苏州园林中，有一座园林依山而建，独树一帜，名为拥翠山庄，但其实更有名的是它所依的山丘——虎丘山。

虎丘山有着2500多年的历史，被誉为"吴中第一山"，苏轼、米芾、颜真卿等众多文人墨客都在此处留下墨宝。

当然，这里最出名的就是被称为"东方比萨斜塔"的虎丘塔。虎丘塔始建于五代后周显德六年（959），距今已有1000多年历史。由于地基原因，明代时虎丘塔开始向北倾斜，目前最大偏离角度为3.59度。其实虎丘塔并非整座塔都是倾斜的，塔的下边六层是歪的，第七层却是正的。

另外，虎丘塔里藏了许多历史的秘密哟！比如，塔内曾发现一个浮雕石函，内藏鎏金镂花楠木经箱，箱里有7卷磁青纸书写的《妙法莲华经》。

在虎丘虽没找到关于于龙门的线索，但一位老者提点他们，沿着虎丘塔的东南方向寻找，会不会有所收获呢？

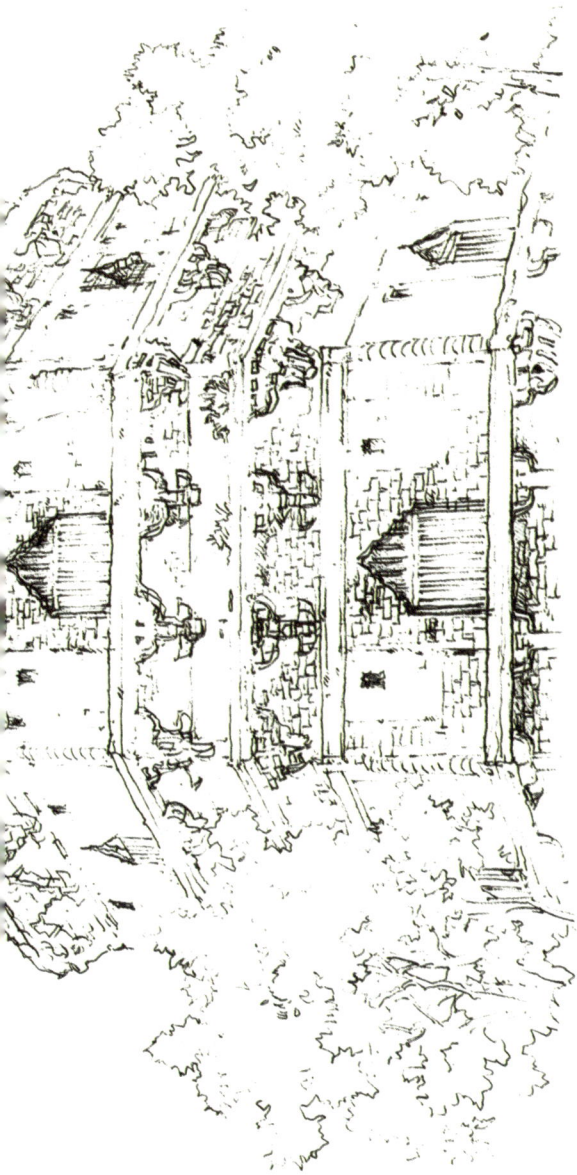

「东方比萨斜塔」

万里长河飘玉带
宝带桥

根据老者提供的线索，三人发现，在虎丘塔的东南方向，远处有一座唐代古桥梁——宝带桥，这是大运河上最长的一座多孔石桥，316.8米的桥梁上足足有53个桥孔。

这座桥据说是唐代刺史王仲舒主持建造的，为了筹措资金，王仲舒带头将身上的宝带捐出，宝带桥的名字就这么流传了下来。

春天是宝带桥最美的时候，乾隆皇帝下江南时曾写下"金阊清晓放舟行，宝带春风波漾轻"的诗句。

虽然宝带桥风景秀丽，但三人始终没有找到关于龙门的线索。正一筹莫展之时，年年用手肘戳了戳阿眯，用眼神示意他听一旁游客的聊天。

"听说这附近还有个景区叫盘门，是苏州段大运河十景之一，要不一会儿我们去看看？"

"好啊好啊，听说这盘门很神奇，'水陆两栖'的！"

三人相视一笑，赶往下一个目的地——盘门。

盘门

『水陆相半，沿洄屈曲』

"北看长城之雄，南看盘门之秀"，盘门的神奇可能只有到了现场才能真正体会。作为国内唯一一座保留完整的水陆并列古城门，平日水陆交通，雨季开闸防汛，战时防御守城，可谓设计精妙。小锦鲤一开始很激动，站在城墙下仰望城楼时，以为真的到了龙门，但稍显平静的河水，让小锦鲤有一丝犹豫。

小锦鲤，你别急，虽然这不是龙门，但盘门脚下的护城河边有一条山塘街，那里被誉为神州第一古街，商贾云集，说不定有线索哦！

山塘街

《红楼梦》里梦风流

"老苏州的缩影，吴文化的窗口"，说的就是苏州山塘街。从繁忙的盘门，来到繁华的山塘街，阿槑三人很是兴奋，一头就扎进了商铺中，挑选着有姑苏特色的商品。

明清时，山塘街是中华大地商贸、文化最为发达的街区之一，沿街商铺数不胜数，万贾云集。《红楼梦》中"红尘中一二等富贵风流之地"的阊门就在这一带。乾隆皇帝下江南时，也曾在这里"山塘寻胜"。据史料记载，1000多年前白居易任苏州刺史，为了方便船舶运输，在山塘河旁筑堤而形成了现在的山塘街。

三人兴致满怀地逛了整个街区，感受这粉墙黛瓦、小桥流水人家，可惜没有找到关于龙门的线索。年年提议，再去运河十景之一"枫桥夜泊"里的寒山寺碰碰运气。

照亮古今的文人情怀

寒山寺

提到寒山寺你会想到什么？是张继《枫桥夜泊》"姑苏城外寒山寺，夜半钟声到客船"的孤寂，还是杜牧《怀吴中冯秀才》"唯有别时今不忘，暮烟秋雨过枫桥"的萧瑟。

这座始建于 1500 多年前的南朝古寺，原名"妙利普明塔院"，是中国十大名寺之一，内有文徵明、唐寅等众多名人真迹。

斗转星移，随着枫桥景区的建立，寒山古寺与江枫古桥、铁铃古关、枫桥古镇、古运河组成"五古"名胜，将历史照进现代。每当夜幕降临，照亮水面的将不再是孤独的渔火，而是绚丽的霓虹。

浓淡相宜的 苏州饮食

在寒山寺请过香火后，阿籴的肚子发出了"咕噜咕噜"的叫唤。他摸了摸自己的肚子，不好意思地笑着。俗话说"上有天堂，下有苏杭"，这天堂里的人间美味怎能不尝一尝呢？

苏州卤鸭

松鼠鲹鱼

蟹斗

苏州最出名的要数金秋时节肥美鲜嫩的特产——阳澄湖大闸蟹。"螃蟹上席百味淡",可见这味道的鲜美。

当然,苏州大厨们的金字招牌可不止这一样。使用大闸蟹蟹黄、蟹肉制作的"雪花蟹斗"软糯鲜美;花刀雕刻、造型鲜活的松鼠鳜鱼酸甜可口;取材幼猪五花肉腌卤 24 小时的酱方肥而不腻;松鹤楼名菜苏州卤鸭香酥入味。美肴上席,阿槑恨不得自己有九个胃,能够装下更多的美食。

大闸蟹

酱方

饱餐之后，以茶水解腻最为舒爽。洞庭碧螺春茶是苏州名茶，据传为康熙皇帝赐名，在清朝极负盛名，品饮时嫩香清幽，甘醇鲜爽。此等美味怎能限制于茶水中，因此大厨们用碧螺春茶与虾仁融合，烹饪出碧螺虾仁，茶叶的清香与虾仁的爽滑交融，完美体现了江南的"食不厌精"。当然，如果能搭配上风靡苏州半世纪的西瓜鸡，用水果的汁液熬出肥鸡的浓香，真是夏日滋补的不二之选。

碧螺虾仁

西瓜鸡

惊艳时间的艺术
苏州玉雕

苏州的精致不仅体现在饮食上，更体现在艺术创作上。在一家玉器店，三人见识到了这种艺术的神奇。作为国家级非物质文化遗产玉雕的发源地之一，苏州在明清时期已经成为全国玉制品制作中心。《天工开物》中曾对苏州的雕刻技术大加推崇，乾隆皇帝更是赞不绝口，写下"专诸巷中多妙手，琢磨无事太璞剖"的评价。

苏州评弹

此曲只应天上有！

苏州人民不仅手上功夫了得，嘴上的功夫也是一等一的好。苏州评弹作为第一批国家级非物质文化遗产，形成于明末清初，可以说是一种古代人的说唱艺术。年年三人有幸在饭馆的堂厅里欣赏到了传统的评弹艺术。仅仅小三弦和琵琶两样乐器，加上苏州方言吴侬软语的特点，娓娓动听、妙趣横生。怪不得乾隆皇帝南巡至苏州时，还钦点苏州评弹在御前弹唱。

留住岁月的咏叹
昆曲

来到苏州，怎能不欣赏人类非物质文化遗产代表作、汉族传统戏曲中最古老的剧种之一——昆曲。

昆曲起源于 14 世纪的昆山，因其表演典雅细腻而被誉为戏曲百花中的一朵"兰花"。《牡丹亭》《长生殿》等都是昆曲中的经典名作。轻柔婉转，余音绕梁，古老的乐曲能让快节奏的生活慢下来。阿槑和年年已经按捺不住，和台上的老师学起了戏曲的手势。

苏绣

拥有 2000 多年历史的苏绣，与评弹和园林并称为"苏州三绝"。作为第一批入选《国家级非物质文化遗产名录》的珍品，苏绣名声享誉海内外。到了这里，阿槑才知道，原来苏绣的品种繁多，有单面绣、双面绣、平绣、乱针绣、缂丝等多个品种和技法，工艺复杂，用线讲究，需要特别细致和有耐心。

三人寻遍了整个苏州城，还是没有找到关于龙门的线索，在一番思考之后，年年提议，不如去运河沿线的另一座城市——无锡，那是大运河环城一周又穿城而过的唯一一座城市，说不定有意外收获。

千里运河独此一环

无锡

WU
XI

竜头渚

「太湖佳绝处 毕竟在竜头」

宣樱楼

好云涌宫

惠风和畅

樱花谷语

"这难道就是大海吗？"见到这里一眼望不到边的水面，小锦鲤立马兴奋地跳跃起来。

"这里虽然很大，但它不是大海，而是太湖哦！"年年虽不想打破小锦鲤的期望，但还是忍不住笑道。

中国有五大淡水湖，鄱阳湖、洞庭湖、太湖、洪泽湖和巢湖，无锡沿太湖而建，被誉为"太湖明珠"。鼋头渚是太湖西北岸的一个半岛，传说有一天，一颗巨石突然坠入湖中，露出湖面的形状酷似昂首望天的鼋，于是当地老百姓们便称这里为鼋头渚。

鼋头渚自古就是文人墨客抒发浪漫情怀的地方，被认为是太湖的仙岛灵秀，无锡境内的桃花源。每到四月芳菲，鼋头渚万株樱花迎春盛开。第一次看到这美景的小锦鲤，开心得手舞足蹈。

"太湖佳绝处，毕竟在鼋头"，闻着这沁人心脾的花香，阿槑不禁感慨道。

"这不太像是你说的话啊。"年年有些疑惑地看着阿槑。

"这是诗人郭沫若说的。"阿槑嘿嘿一笑，有些不好意思地挠挠头。

"可惜这里没有关于龙门的线索。"小锦鲤有些失望地说。

"别气馁呀，你看远处的那座高山。"年年摸了摸小锦鲤的头。

古镇与园林 惠山古镇

"那是什么山？好高呀！"小锦鲤好奇地问。

"那是惠山，曾被乾隆皇帝称赞为'江南第一山'哦！"年年得意地说。

"我们赶紧去看看吧！"在小锦鲤的号召下，三人前往惠山，迫不及待地想去欣赏这连乾隆皇帝都赞叹的美景。

若说鼋头渚是湖中仙子，那惠山古镇就是山中隐士。背靠惠山、锡山两座山峰，又有京杭大运河连绵流过，传承 4000 年的文明于此茁壮成长。

古镇是无锡人的根，这里存有 118 处祠堂，涉及 80 个姓氏、180 位祀主，被纳入《中国世界文化遗产预备名单》，是全国重点文物保护单位，据说每个无锡人都能在这里找到归属。

锡惠园林

　　惠山巍峨，锡山秀美，坐落于"太湖明珠"上的锡惠园林，紧偎于运河之旁。早在四五千年前的新石器时代，锡山就有先民在此居住生活。

　　园林中有座龙光塔，号称是振兴无锡文风的宝塔。传说惠山为龙身、锡山为龙首，而这座宝塔便是龙角。九龙壁横卧在锡山脚下，色彩华美的飞龙为彩陶烧制，与惠山上的"九龙十三泉"相对，更与龙光塔首尾相接。

　　中国杜鹃园、吟苑公园、映山湖、碧山吟社、介如峰……每走几步便是一处景致，众人不禁赞叹连连。

惠山寺

千年古刹惠山寺是无锡十大丛林之首，乾隆皇帝都曾亲临礼佛。

年年故作神秘地说："唐代诗人李绅的《悯农》也是在这里创作的哦！"

惠山泉为九龙十三泉中最高一眼，经"茶圣"陆羽评定、乾隆皇帝御封为"天下第二泉"，名曲《二泉映月》中的"二泉"指的便是它。

这里还有皮日休诗中的金莲桥、听松石床，王羲之字里的寄畅园，郭沫若亲笔题写的"愚公谷"，战国四公子春申君驻足饮马的春申涧等等，风景名胜数不胜数。

流淌在时光中的经典

惠山泥人

在惠山脚下，年年发现一排小人，他们虽只有巴掌大小，但衣服色彩艳丽，十分讨喜。

"是惠山泥人！"年年似乎遇到了老朋友，热情挥手打招呼。

"真袖珍呀！"阿銽小声地说。

"可别小看他们！惠山泥人为无锡三宝之一，有400多年的历史，都可以当你太爷爷了呢！"小锦鲤在阿銽耳边悄悄提醒。

TIPS

惠山泥人深受宫廷喜爱，乾隆皇帝南巡时，此物曾作为礼物进献，大受皇帝称赞；慈禧太后50寿庆时，无锡地方官特意定制了一套"八仙上寿"大型手捏泥人进贡朝贺。

宜兴紫砂壶

"什么是紫砂壶？"阿籴望向年年，说出心中疑问。

"这个我知道！"小锦鲤率先开口。

紫砂壶是中国特有的手工制造陶土工艺品，制作始于明朝正德年间。因原料紫砂泥稀少，且主要产自宜兴丁蜀镇，所以时常"一壶难求"。

紫砂壶

梁祝传说

宜兴除了紫砂壶，还有一样宝贝，那就是被评为"东方的罗密欧与朱丽叶"的梁祝传说。这个传说最早记录于南北朝时期的《善权寺记》中。当地的农历三月二十八日为"观蝶节"，会用"梁山伯""祝英台"为蝴蝶命名。

鲜香酥糯的 锡帮菜

在锡惠公园逛了一圈，三人遍览了诸多美景，肚子也饿得扁扁。既然来到无锡，怎能不尝尝独具特色的锡帮菜。

都说无锡特产有三宝：三凤桥的酱排骨、清水油面筋、惠山泥人，其中美食就占了两样。关于三凤桥酱排骨的起源有这样一个传说，传闻活佛济公为了报恩，向三凤桥庄主献出秘方，使排骨滋味浓香、肉酥骨烂，成就了这道名菜。

清水油面筋的制作始于清朝，油面筋色泽金黄、皮薄松脆，放入荤菜可提升肉香，与青菜小炒又非常爽口。

三凤桥酱排骨

清水油面筋

梁溪脆鳝

　　梁溪脆鳝是无锡的传统名菜，相传始创于太平天国时期，该菜将鳝丝两面翻炸，甜中带咸，放置几天都不会变软。

　　镜箱豆腐听名字好像特别高深，阿槑怎么猜都没猜到其中缘由，年年问了主厨才知道，原来这是因为做出来的豆腐块很像妇女梳妆用的镜箱盒子，所以才如此命名。炸得酥嫩的豆腐里塞满肉、虾调制的内馅，轻轻一咬就像打开了珠光宝气的化妆匣，多种滋味萦绕唇舌间，因此又被称为"金镶白玉匣"。

脆皮银鱼

镜箱豆腐

腐乳汁肉

条条街道通运河

北塘大街

三人酒足饭饱后，年年说在无锡有座著名的灵山大佛，如果去那儿许愿，也许能获得线索。路上年年提起了无锡的历史，在历史上有三条街不得不说。

第一条街是北塘大街。运河沿线市镇一般是稻米重要集散地，而无锡的北塘更被称为"中国四大米市之首"。如今虽已不见往日商贾林立的盛况，但"北塘北塘，爿（pán）爿米行"这样的旧谣，无不彰显其曾经的辉煌。

中山路

第二条街是中山路。原先的中山路其实是一条笔直的河，也是大运河的一部分。因为运河交通的建立，两岸人口日益密集，无锡也逐渐兴盛起来。后来河慢慢变成了路，也就是现在的中山路，繁华依旧，是无锡市当之无愧的商业中心。

第三条街是南长街。南长街历史悠久、古色古香，弄堂与高楼相接，河水与霓虹相映，时空在这里交汇，古典与现代在这里交织，"江南水弄堂，运河绝版地"的称赞实在精妙。

南长街

"这条街有多长呀？"看着一望无际的街道，阿槑问道。

"有 5.5 公里哦！我们还会路过南禅寺、清名桥、大窑路窑群遗址等好多古迹呢！"话音未落，年年已经拉起阿槑，迫不及待地扎进人群。

清名桥下古运河

中国历史上开凿的第一条人工河流是伯渎河，在3200年前的商朝末年，为了灌溉、排洪，吴国第一代君主泰伯在无锡开凿了这条河流。再后来，这条河流也成为古运河的一部分。而清名桥就在现在的南下塘，像一条雄伟石龙，横跨在了古运河与伯渎河交汇处。

古窑博物馆

　　"上塘十里能兴市，下塘十里能烧窑。"这烧窑的地方，说的就是南下塘上的大窑路古窑群遗址。在明清时期，这里就是江南砖瓦重要的生产、贸易基地，蕴含着丰富的"砖瓦文化"。

　　"过去一定很热闹吧？"阿粦眨着眼睛问。

　　"那是当然的啦，窑业最发达时有一万多名从业者呢！"年年认真地看着展示的砖瓦遗物，想象旧时的宏伟风采。

烧窑工人

灵山多秀色
灵山大佛

在砖瓦遗址中，阿眯经常会看到很多关于太湖的美景图。古窑博物馆里的解说员说，离这不远处，就是太湖，那里有著名的灵山大佛，说不定有关于龙门的线索。三人立刻动身，前往这处佛之圣境。

"你知道这尊佛像为什么叫灵山大佛吗？"

"因为大佛所在位置曾被唐僧命名为小灵山！"

年年与小锦鲤一问一答，让阿眯也有些兴奋。

河南
中原大佛（总高）
208 米

三亚南山
海上观音像
108 米

湖南密印寺
千手观音像
99.19 米

九华山地藏
菩萨露天铜像
99 米

无锡
灵山大佛
88 米

相传唐僧取经归来，见此
处"层峦叠翠"，竟与印度灵
鹫山有几分相似，故将此山命
名为小灵山。灵山大佛足足有
88米，比著名的乐山大佛还要
高17米，与南方天坛大佛、西
方乐山大佛、北方云冈大佛和
中原龙门大佛共同组成"五方
五佛"的格局。

大佛双手结成祝福法印，
左手"与愿印"代表给予快乐，
右手"施无畏印"代表除却痛苦。

四川
乐山大佛

71米

广东
南海观音

61.9米

浙江宁波
雪窦山弥勒大佛

56.74米

江西九江
东林大佛
（不含火焰宝盖）

48米

四川峨眉
十方普贤菩萨

48米

　　灵山大照壁壮阔恢宏，照壁上唐僧历经九九八十一难取经的场景渐次浮现，三人看得出神，仿佛切身经历种种磨难。北面为唐僧赐禅小灵山图，讲述的是唐僧与小灵山的渊源；南面是灵山胜会大型石雕，会聚了佛祖、四大菩萨、二弟子、五百罗汉等佛教人物。

　　三人原本以为可以在圣境中寻找到关于龙门的线索，但一番探查之后，似乎没有找到明确的指向。三人正在照壁前迷茫之时，年年提议，不如就沿着江南运河的轨迹，一路向北走，在某一座运河城市里，说不定就藏着有关龙门的线索。

"那我们下一站去哪儿呢？"小锦鲤有些疑惑地问。

　　"我们去常州吧！"阿罞思考片刻后说道，"那里有古运河历史上最早的河段，还是江南运河中唯一连江通湖的河段哦！"

　　三人一致认同，背上行囊开始了下一段旅程。

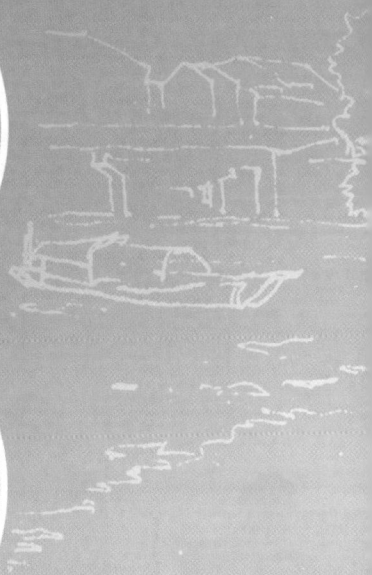

西风吹面到延陵

常州

CHANG ZHOU

"孤舟一夜许相依"
东坡古渡

据说，北宋大文豪苏东坡先生曾经 11 次来常州，并终老于此。难道这里有什么秘密，让东坡先生流连于此吗？于是东坡古渡成了三人来到常州的第一站。

东坡古渡是苏东坡当年泊舟登岸入城之地，在南宋的时候，常州百姓为了纪念苏东坡，便在他登岸的地方建造了舣舟亭。

再后来，康熙、乾隆两位皇帝在南巡时也慕名而来，乾隆皇帝更是御笔题字，从此这里又染上了皇家的色彩，也成了御码头。

广济桥

御碑亭

洗砚池

"一代倾城逐浪花"
西蠡古渡

　　"你们知道吗，范蠡和西施的浪漫爱情故事也发生在常州哦，就在西北方。"年年指着前方的河流说道。

　　传说，越国大夫范蠡为辅佐勾践讨伐吴国，开凿了沟通太湖、滆湖之间的运河，后人唤作"蠡河"。范蠡后来帮助越王勾践灭掉吴国后，急流勇退，带着爱人西施来到常州蠡河边隐居，后人为了纪念他们的感人爱情，便在他们的登岸处建了西蠡古渡。

　　就在三人沿湖而下时，走来一个推着小车卖货的老人。满是小商货的车上，有一把像梳子一样的物件引起了年年的注意，因为这物件的柄上雕刻着运河与龙门。

　　"这是篦箕。"老人笑眯眯地说，"如果你们想要知道这雕刻图案的意义，不如亲自到篦箕巷去看看吧！喏，古渡的东边就是了。"

岁月回首

篦箕巷

　　篦箕，相传发明于春秋时期，形状和梳子类似，但在古代的作用更多是作为女性发髻上的装饰，就像现在的发夹一样。

　　篦箕一直都在皇家贡品的清单中，而其中最为出色的就是常州生产的篦箕，它不仅被选为宫廷贡品，还享有"宫梳名篦"的美誉。作为国家级非物质文化遗产，常州梳篦还曾经在1915年巴拿马国际和平博览会上获得银奖，在1926年美国费城国际博览会上获得金奖。

因为大运河的开凿，常州城西的运河沿岸制作篦箕和宫灯的门市越来越多，花市街慢慢形成，后来演变成篦箕巷。古时，家家户户的门口都会挂上宫灯，常常彻夜不灭，灯彩与船上灯火交相辉映，景象迷人，被称为常州西郊八景之"篦梁灯火"。

这些小梳子好可爱啊！

寓意也很吉祥！

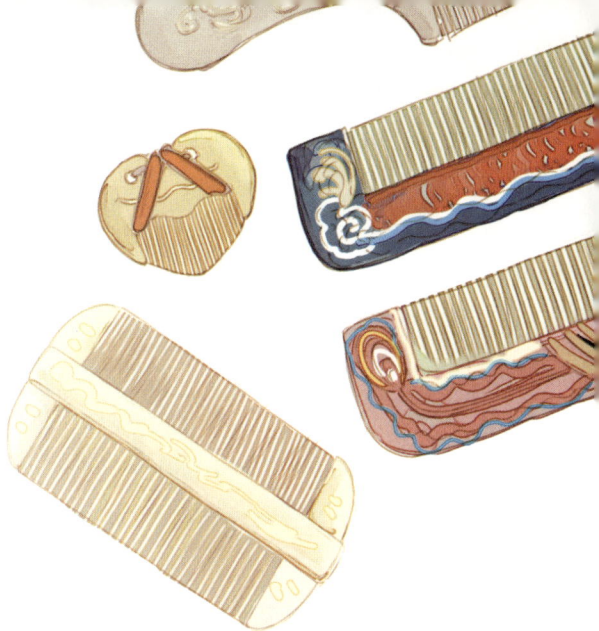

59

"妙造自然，不类刻画"
常州三宝

"篦箕可是被称为常州三宝哦！"年年晃着新到手的篦箕。

"那剩下的两宝是什么？"

"就是留青竹刻和乱针绣啦！"

留青，意思是留用竹子表面的一层青皮来雕刻图纹。竹子自古便是气节的象征，雕刻家们用写意的手法，将文人风骨与形象艺术巧妙结合，深受名人雅士喜爱。

小朋友们，留青竹刻可是入选《国家级非物质文化遗产名录》的传统民间工艺哟！

常州三宝中的乱针绣，是 20 世纪 30 年代由常州艺术家杨守玉所创，被誉为当今中国第五大名绣。乱针绣近看好像杂乱无章，但其实乱而不杂，密而不堆，绣出来的作品，远观如油画般细腻，也被誉为"针尖上的油画"。

"长与州人有旧情"
毗陵驿码头

从篦箕巷出来沿着运河往东南方向走，三人看到了一处古朴的亭子，在亭内正中的石碑上刻着"毗陵驿"三个大字。

"还记得之前的东坡古渡吗？这里和古渡一样，乾隆皇帝南巡途经常州时，就是从这里登岸进城的哦！"年年指着前方的碑亭说道。

四大名著《红楼梦》中，贾宝玉与贾政最后一别便是在这里，可见其在古代知名度就颇高。

跃上亭楼的小锦鲤，望见东南方向有一座高塔入云，急忙兴奋地说："你们快看！那边有座高塔！"

"龙城象教"
天宁寺

佛教在盛唐时期进入黄金时代，《西游记》的故事也发生在那个时期。常州的天宁寺建于贞观年间，并且成为佛教音乐梵呗的发源地之一。

天宁宝塔悬挂的"龙城象教"四个大字，是乾隆皇帝南巡时为天宁寺亲笔题写的，龙城是常州的别称，象教则代指佛教。作为"五方五佛"的佛心，修缮后的天宁寺成了世界第一高佛塔，也是第一塔林。

站在高塔之上，西南方向的一道绿波闪烁不停。

"那边好像翡翠啊！"年年指着闪光处说道。

"我好像闻到了竹子的味道，那绿光到底是什么？"小锦鲤动了动鼻尖疑惑地问道。

"那等什么，去看看不就知道了。"阿槑已经站在楼梯口等着他俩了。

湖水空明，竹林虫鸣

天目湖南山竹海

　　来到天目湖南山竹海景区，三人就像是来到了世外桃源。景区门庭处有一个扇形大门，站在门口就感受到了竹林之风、清竹之香。碧竹、坝堤印月、竹筏放歌、南山寿泉等美景让人目不暇接、眼花缭乱。

　　"舟行碧波上，人在画中游"，三人坐着竹筏，一边呼吸着湖面上带着竹叶清新和水汽湿润的空气，一边划动竹筏游荡在碧波上，湖岸是一望无际的万亩竹海，散发着清凉静雅的气息。山水相依的天目湖，被称为"江南明珠""绿色仙境"。伍子胥的伍员山、蔡邕的读书台、报恩禅寺、龙兴寺、太白楼、天下第一石拱坝……环绕天目湖四周的历史文化遗址，就是天目湖的又一处"泉眼"，流动的是湖水，流淌的是传承！

三黑三白品溧阳

趁着小锦鲤在天目湖翻腾畅游时，阿槑神秘兮兮地对年年说："听说这里有一位名厨，能做出鲜美无比的砂锅鱼头？"

年年瞬间两眼放光，"没错，溧阳出了名的美食就是三黑三白，其中一白就是天目湖砂锅鱼头！"

天目湖砂锅鱼头是 20 世纪 70 年代由名厨朱顺才所创。虽然创制时间不长，但已经成为溧阳的名菜。曾经有人问过朱大师，烹制这道菜肴的秘诀是什么？他说，

天目湖鳙鱼头、天目湖的水，是制胜关键。鱼汤浓稠如乳，鱼肉白里透红、细嫩似豆花，清新浓郁的香气萦绕口鼻间，唇齿留香。

"那剩下的二白三黑是什么？"阿槑好奇地问。

年年得意地说了两个字："上菜！"一道道精美的菜肴陆续上桌。

一白鱼头，二白白芹，三白白茶。

一黑雁来蕈，二黑乌米饭，三黑扎肝。

想吃砂锅鱼头一定要到溧阳哟！

砂锅鱼头天目湖

溧阳的白芹自古有名，在 800 年前的南宋时期就已开始栽培，既能清洁血液，又能降低血压，被誉为"江南时蔬中的一绝"。

白茶更是溧阳特产，外形细秀匀整，滋味鲜爽甜醇。每年 4 月至 5 月，当地还会举办溧阳茶叶节，作为溧阳对外合作交流的平台。

雁来蕈是一种松乳菇的别称，号称"鲜到眉毛掉下来"，一般产于深秋时节、大雁南飞的时候，所以被溧阳人民称为"雁来蕈"。

乌米饭在唐代便有记载，制作时需要捣烂南烛叶、滤汁、泡糯米、晾干蒸煮，吃起来很有嚼劲。

扎肝是溧阳的传统美食，在当地方言中，"肝"与"官"同音，有吉祥之意。鲜香的猪小肠包裹着五花肉、猪肝、豆皮、笋干，精心熬制，细火慢炖，令人食指大动。

运河五号码头

运河五号码头

"你们刚刚在干什么？"看着年年和阿籴嘴角还冒着油光，小锦鲤谨慎地询问。

　　"嗯，没什么没什么，你看，给你带了溧阳的特产哦！"阿籴慌乱地举起手中的外卖袋，小锦鲤将信将疑地接过，还想再提问。

　　"常州的最后一站，我带你们去五号码头逛一逛。"年年急忙转移了话题。

　　"五号码头？那里是干什么的？"见小锦鲤的注意力被成功吸引，年年急忙再次解释，"五号码头是常州近现代工业的发祥地之一，走出了众多工业开创者。时代变迁，昔日老厂房的繁忙景象已不复存在，但这里华丽转身，成为一个被创意重新激活的街区。"

长江与京杭大运河唯一枢纽

镇江

▶ZHEN
JIANG

运河的咽喉
京口闸

"我们这一站是哪里？"小锦鲤好奇地问道。

"你们闻到空气中有什么味道吗？"年年故作神秘地问两人，阿槑和小锦鲤立刻用鼻子嗅了嗅。

"有股酸酸的味道"，小锦鲤说。

"但是香香的。嗯？难道是醋味？"阿槑补充道。

"没错，这座运河边的城市，被打趣地称为'一座美得让人吃醋的城市'。"

"我知道了，是镇江！镇江的醋在全国可有名了，可是这里产醋，和运河有什么关系呢？"

"不急，我带你们逛逛就知道啦！"

镇江自古便是漕运要地，在这里长江与京杭大运河交汇，形成"十字黄金水道"，故有"九省通衢""漕运咽喉"之称。

而这条黄金水道的源头，便树立着江南运河首座闸门——京口闸。

这座古代留下的水利工程，集通航、蓄水、引水、引潮、避风等功能于一体，彰显古人的勤劳与智慧，也是水运史上不朽的丰碑。

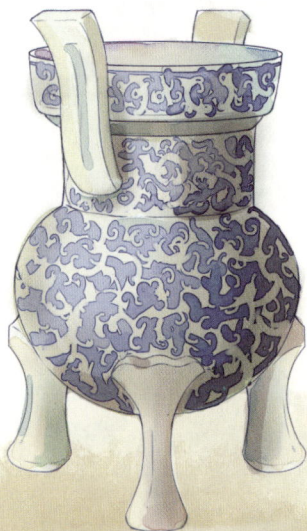

文物如此精致，当年这里一定很富庶吧！

当然！京口闸被称为"运河明珠"呢！

谏壁船闸

谏壁船闸同样位于十字黄金水道，掌管"五口通江"，结束了江南运河北端五易入江口的历史，为防洪灌溉作出了重大贡献，被誉为"江南运河第一闸"。能被称为第一闸，怎可浪得虚名，现在的谏壁船闸有着高达 4433 万吨的年通过量，可以说这里昔日漂荡着乌篷小船，今日扛起万吨巨轮。

这船好大哟！小锦鲤，你的真身有这么大吗？

哼！我还是孩子，以后会长个的！

运河的脊背
虎踞桥

在大家感叹千古运河的力量之时，年年问大家有没有看到远处横跨运河的桥梁。运河重要，横跨运河的桥梁对百姓而言也同样重要。

在镇江南门大街外，有一座被绿植包裹的虎踞桥，距今已有 500 多年历史，是江南运河长江入口处的第一座桥。

鎏金莲瓣形银茶盒

丁卯桥

鎏金人物银瓶

银鎏金龟趺"论语玉烛"

　　走过南门外，便是一片清幽的小山村，丁卯桥安静地在此迎接来客。因为是丁卯日建成的桥，故名丁卯桥，距今已有1600余年的历史。这里曾经发掘出一座唐代银器窖藏，内容极其丰富，光银钗就有760多件。

"灯火临流"
西津古渡

"拜访完了古桥,接下来我们去哪儿呢?"小锦鲤有些好奇。

"我记得著名的旅行家马可·波罗曾经在镇江游历过,他去过哪些地方呢?"阿瞡的脑中突然涌现出一些模糊的记忆。

"这样说的话,我们就去传说他登岸的码头——西津古渡看看吧。"年年小手一挥准备出发。

"舳舻转粟三千里,灯火临流十万家",这便是西津古渡昔日繁华的写照。这里被称为镇江"文脉"所在,始建于六朝,短短一公里的路程,可同时领略六个朝代的古韵。这里的每一块砖、每一块石都曾留下名人的足迹:旅行家马可·波罗由此登陆,孙权在此指挥水师,发表《讨武曌檄文》的骆宾王于此隐居,王安石借道北去并写下著名的《泊船瓜洲》。

古街向西，大多为明清时期的建筑，不过如今已经冠上现代商铺的牌匾，只有飞阁流丹的建筑，依旧向过往游客讲述过去的故事。

千年古渡，千年老街。

古街上有一座拱廊建筑，为旧时英国领事馆，现已改为镇江博物馆，内藏文物 3 万余件。

另一处极具宋元风格的楼阁名唤云台阁，是镇江城市发展主题馆，详尽展示了城市近 3000 年的发展变迁。或许正如中国文物学会会长罗哲文先生所说，西津古渡本身就是座"中国古渡博物馆"。

　　兴建于康熙年间的救生会，专门从事义务打捞和救人事宜，因为旧时镇江江面极宽，孟浩然就曾留下"江风白浪起，愁煞渡头人"的感叹。

　　同样因为水险，宋朝时人们修筑了"观音洞"，每次渡江前都会虔心祈祷；元朝时皇帝修建了昭关石塔，又称观音洞喇嘛塔，以表达对佛教的尊崇。

　　年年领着阿粲和小锦鲤来到一处渡口，旁边有座"待渡亭"，据说当年乾隆皇帝曾在这里小憩等待渡船。

镇江有三怪

四溢的饭香为怀古的街道平添了一份亲和感和烟火气，年年笑着说："镇江饮食文化中有三怪绝不可错过。"

第一怪，香醋摆不坏

香醋摆不坏。相传镇江香醋是酒神杜康的儿子无意中发明的，其最特别的地方在于久放不坏，愈放愈甘甜。

"常说老酒越放越醇，难道香醋也是？"阿槑问道。

"那是当然，它们的酿造工艺本就相近，而且香醋选用当地独有的泠泉水，别具风味！"

第二怪，肴肉不当菜

肴肉不当菜。镇江的水晶肴肉曾被选入"开国第一宴"。当地百姓们经常泡壶茶、放碟姜丝，一边聊天一边将肴肉蘸着香醋姜丝吃，久而久之，"肴肉不当菜"的说法便家喻户晓。

第三怪，面锅里面煮锅盖

面锅里面煮锅盖，说的便是大名鼎鼎的镇江锅盖面。它的奇特之处在于，小小锅盖远不能覆盖锅口，却与面条一同放于滚热面汤里煮沸，这样煮熟的面条筋道、滑嫩。配上各种浇头，可以满足各种挑剔的味蕾。传闻乾隆皇帝曾微服走进一家面馆，老板娘手忙脚乱时误将木盖打翻入锅里，没想到反而成就了一道美食。

金山

京口三山甲东南

　　三人吃饱喝足后继续旅程。在镇江有一句古话："一水横陈，连冈三面"，所谓三冈，指的便是金山、北固山、焦山三座各有风情的高山。

　　金山位于镇江西北边，原本是长江中的一个岛屿，有"江心一朵美芙蓉"的美誉。附近名胜古迹繁多，大都依山凿岩而建，远望若空中楼阁，王安石曾评价道："数重楼枕层层石，四壁窗开面面风。忽见鸟飞平地上，始惊身在半空中。"

当然，这里最著名的便是金山寺与白蛇的传说。

年年告诉二人，金山寺共涉及两项国家级非物质文化遗产，一项是"金山寺水陆法会仪式音乐"，另一项便是"白蛇传传说"。白娘子为救许仙做法水漫金山，最后被镇压在杭州雷峰塔下，金山寺为二人惜别之地。如今这段凄美的爱情故事被后人几度演绎，已成为不朽的爱情神话。

北固山

"何处望神州，满眼风光北固楼。"这是南宋爱国诗人辛弃疾登临这里时发出的感慨。

以险峻著称的北固山，永远都和历史紧紧相依，南朝梁武帝曾为此地题书"天下第一江山"。

山体横枕大江，石壁嵯峨，一如其经历的烽火岁月。山巅中的甘露寺，为《三国演义》中著名桥段"刘备招亲"的发生地；与之遥望的凌云亭，又称祭江亭，孙尚香在得知刘备去世的消息后，于此祭奠。

定慧寺

御碑亭
焦山碑林

石佛塔

焦山

焦山古炮台

三人划着小船来到第三座山——焦山。焦山四面环水，是长江中的一座岛屿，环境清幽、水天相成，被誉为"江中浮玉"。

"山不在高，有仙则名。"东汉末年隐士焦光因不满朝廷腐败，三受诏书而不出，于山中采药救人，焦山因此得名。传说他最后白日飞升，先前居所被封为"三诏洞"。焦山还出现在四大名著《水浒传》的故事里。焦山上的定慧寺是江南最早的寺院之一，康熙皇帝南巡时曾亲自为其题写匾额。景区内道佛文化交融，古刹梵音、古碑荟萃，静雅间别有一番情趣。

焦山行宫

锡剧、古琴、董永传说

三人路过一处古戏台，年年神秘兮兮地说："这里藏着三样宝贝。"

看着斑驳的花岗岩石与衣着华丽的演员，阿㱼左思右想不得其解，倒是小锦鲤率先得出答案："我知道！第一件宝贝是锡剧，表演的叔叔阿姨们会在唱词里夹杂绕口令、顺口溜、诗文，有趣极了！"

"戏里唱的是董永和七仙女的故事，难道这也是宝贝？"阿㱼有些迟疑。

"对呀，董永传说和白蛇传传说一样，是中国民间四大传说之一！"小锦鲤开心地说。

"没错，镇江虽不大，但汇集了两大传说哦！"得到了年年的肯定，阿稞有些欣喜。

　　"我手里的就是第三件宝贝——镇江古琴！"一旁的老乐师见二人许久猜不出，弹奏手里的乐器哈哈大笑，"别小看这门乐器，这可是从汉代就流传下来的艺术瑰宝！"

　　"其实这座古戏台本身也是件文物，名为城隍庙古戏台"，年年指向前方，"别看它如今有些陈旧，昔时城隍庙每岁春秋举行庙会，这里都是最热闹的场所，上至达官贵人下至黎民百姓，全部聚集于此享受节日欢愉。"

百酿人生

世间五味，

在结束镇江之旅前，当然要来到这座城市"最有味道"的地方。在年年的催促下，三人终于来到了镇江醋文化博物馆，寻找地道镇江味。

镇江醋的制作可以追溯到 1400 多年前的米醋制作，在南朝梁时陶弘景《神农本草经集注》中就有记载。与山西醋相比，镇江醋的最大特点在于微甜。镇江醋的酿制工艺也极其考究，当地人相信人生就和酿醋一般，总会经历各种境遇，只有用正确的心态看待，才能酿造出美好的生活。

运河水滋润下的六朝古都

南京

府統總

▶ NAN
JING

运河水滋润下的六朝古都

南京

　　意大利传教士利玛窦从南京经大运河到达北京，在日记中专门写下了《从南京到北京》一章，其中描绘大运河时写道："为了从南京由水路到达北京皇城，中国的皇帝从这条河到另一条由于它那汹涌流水的颜色而叫作黄河的河流，修建了一条长运河……从水路进北京城或者出北京都要通过运河，运河是为运送货物的船只进入北京而建造的。"

　　南京，作为拥有近 450 年建都史的江南第一古都，在中国历史发展的进程中，既是大运河的催生地，又是大运河的参与地；既是大运河的复兴地，又是大运河的共荣地。南京的繁荣兴盛离不开大运河的长年滋养，大运河的辉煌荣光更有南京的无私奉献。南京的兴衰起伏在很大程度上通过大运河影响了我国政治、经济和文化的发展轨迹。

说起"中国近代建筑史上第一陵"的中山陵，阿槑光小学春游就来过好多次。

1912 年，孙中山先生辞去临时大总统职务之后，到紫金山打猎，看到紫金山气势十分雄伟，就笑着说："待我他日辞世后，愿向国民乞此一抔土，以安置躯壳尔。"所以孙中山先生去世后，就遵照他的遗愿，在紫金山建了中山陵。

近代第一陵
中山陵

"林深更有帝王家"
明孝陵

　　大多数陵墓的神道是笔直宽阔的，而明孝陵的神道却是弯曲狭长的。阿槑听说过很多种解释，有的说是为了避开不远处的梅花山，让葬在梅花山上的孙权成为朱元璋的守墓人；有的说朱元璋出身草根，做事随性，连修建自己的陵墓都别出心裁。后来才有人发现其中玄机：从上空俯瞰明孝陵，是一个北斗七星图。朱元璋曾经作诗："天为帐幕地为毯，日月星辰伴我眠。夜间不敢长伸腿，恐把山河一脚穿。"看来朱元璋深信"魂归北斗""天人合一"，他死后仍想乘坐"北斗"这一"天帝之车"关照大明江山。

桨声灯影里的秦淮

夫子庙

　　在 1000 多年前的东晋时期，这里就已经是人文荟萃之地，不过那个时候没建孔庙，只有学宫，就是古代的大学。后来到了宋朝，这里变成了考场，所以兴建了孔庙，给当时的考生一个精神支柱。

孔庙是供奉和祭祀古代大思想家、教育家孔子的庙宇。在古代，那些参加科举考试的考生们，热衷于祭拜孔子，称孔庙为"夫子庙"，其实就是想和孔圣人拉拉关系，感觉自己也成了七十二贤人那样的杰出门生。

中国有很多的夫子庙。南京的夫子庙之所以有名，是因为这里把文人、商人、歌妓等都集合在了一块，文商交融的格局在孔庙史上可是孤例。

民国记忆
总统府

　　南京历史上共有三人对大运河影响深远，一位是挖掘胥河的伍子胥，一位是复兴运河的朱棣，还有一位便是提出发展运河的孙中山！

　　孙中山先生在《实业计划》中提出对胥河疏浚利用的具体设想："乃在浚广浚深芜湖、宜兴间之水路，以联长江与太湖。"

湖光澈镜 玄武湖

　　玄武湖是南京最著名的景点之一，也是中国最大的皇家园林湖泊、仅存的江南皇家园林，有 2000 多年的历史，很多文人骚客在这里留下墨宝。如今的玄武湖早已不是皇家专享，它免费开放，展现其古老而独特的美丽。玄武湖由五个洲组成，五洲相通，一年四季都有不同的美景，每一个季节都值得游玩。玄武湖不仅是金陵明珠，也与南京城的兴衰荣辱息息相关。

玄武湖十景初步形成是在六朝时期，当时风光无限的玄武湖成为皇家园林，被帝王们独享，面积也比现在大得多，各种设置应有尽有，帝王们还把别寝建在湖光山色间，可见玄武湖有多美。

玄武湖洲与洲相连，但是每个洲又有自己的独特之处，每个细节都是一处独特的风景，山水浑然一体，与周边古朴的建筑交相辉映。在这无数的美景之中，有十处景色最有特色，这就是著名的玄武湖十景，分别是：五洲春晓、侣园馨风、莲湖晚唱、台城烟柳、古塔斜阳、九华朝晖、鸡鸣晚钟、古墙明镜、西堤秋月、月湖笙歌。

玄武湖十景

五洲春晓

侣园馨风

莲湖晓唱

台城烟柳

古塔斜阳

九华朝晖

鸡鸣晚钟

古墙明镜

西堤秋月

月湖笙歌

金陵美肴经

来到南京，第一便要品尝鸭血粉丝汤。滑嫩的粉丝配上脆爽的鸭肠、浓香的鸭肝和Q弹的鸭血，还有清澈见底的老鸭汤汁，热气中温暖每位食客的肠胃。

一碗美味的鸭血粉丝汤还需一笼新鲜的小笼汤包相配，醇香的油脂被锁在半透明的包子皮里，一口鸭血粉丝汤一口汤包，实在是每位老南京人的童年回忆。

南京是极好食鸭的城市，据说每年要消耗1亿只鸭，其特产亦以鸭肉闻名。

盐水鸭的制作已经有很长的历史，南京人做鸭子讲究现做现吃，鸭肉肥而不腻，因每年桂花盛开时的鸭子滋味最美，故又称"桂花鸭"。

鸭血粉丝汤

春卷

小馄饨

糖芋苗

盐水鸭

汤包

小笼包

鸡丝汤

时间长河中的
历史传承

南京金箔

"金箔"就是黄金捶打成的薄片，南京龙潭是中国金箔的故乡，有1700多年的金箔制作历史，现在世界上80%的金箔都出自龙潭工匠之手。龙潭的金箔以"薄如蝉翼，软似绸缎"的独特美感而成为中国金箔的代表。

南京云锦

南京云锦，有"寸锦寸金"之称，至今已有约1600年历史。云锦因其色泽绚丽灿烂、美如天上云霞而得名，其制作工艺也达到了丝织工艺的巅峰状态，被誉为"锦中之冠"，是中国四大名锦之首，元、明、清三朝均为皇家御用贡品，被公认为"东方瑰宝""中华一绝"。南京云锦织造技艺也是中华民族和全世界珍贵的非物质文化遗产。

金陵折扇

在扇子发展的 3000 多年历史中，金陵折扇在扇子界是堪比"娱乐界天王"一般的存在，其发源地就在南京栖霞石埠桥一带，清代文人甘熙称金陵折扇"揩磨光熟，纸料洁厚，远方来购，其价较高"。从前它是永乐皇帝、文人雅士的心头好，在宋代就已经是扇子界的第一名，现在它是江苏"非遗"之一，承载着传统文化的力量。

天赐国宝雨花石

相传南朝梁武帝时，有个叫云光的高僧在南京设坛讲经说法，感动了上苍，并为其降落雨花。这些雨花落地后便成了五彩缤纷的雨花石，每颗雨花石都讲述着不同的故事。六合区的灵岩山里，有一处叫玛瑙涧的地方，这里被称为雨花石最早最正宗的产地。

三分天下明月夜

YANG ZHOU

三湾宝船
大运河博物馆

中国大运河博物馆在扬州建成啦！得知这个消息的三人马不停蹄地来到扬州，来看看这座古运河中最古老的运河城市之一。

中国大运河博物馆

吴王夫差筑邗城凿邗沟，城依水，水靠城，从此一城一水相依相伴了2500多年，邗城就是扬州的"幼时"，邗沟就是大运河的"童年"。作为大运河申遗的牵头城市，中国大运河博物馆便建在邗城的三湾。

馆内展陈：
鲁荒王仪仗队

馆内展陈：55吨唐代船型古墓

大运河博物馆的造型像穿越时空的巨船，即将驶往运河之中。从中国运河到世界运河，厚重的历史积淀被重新描绘，犹如一幅绝美的时空画卷，在光影中讲述着关于运河的传奇故事。

馆内构思精巧，馆外同样考究，象征盛唐文化的大运塔、鉴真东渡起点文峰塔、清朝行宫天中塔环绕主体，呈"三塔映三湾"格局，三塔好似云梯，通往古老的运河文明。

馆内展陈：17米高沙飞船

运河第一渡
邵伯古堤

三人来到一处堤岸，年年立刻认出，这便是有着近千年历史的邵伯古堤。

邵伯古堤始建于南宋，是防水患的重要设施，曾被清康熙、乾隆皇帝多次下令修整。都说镇江小码头、邵伯大码头，邵伯运河东堤上的竹巷口码头、大码头、朱家巷码头和庙巷口码头旧时曾是重要商埠。邵伯镇随着运河的兴旺而繁荣，特别是大码头，有着"运河第一渡""水上城坊"的美誉。

邗上文枢
文昌阁

探寻扬州，必来"邗上文枢"文昌阁。身为扬州文庙遗珠，意为昌明儒学，又因其祭祀"五文昌"（文昌帝君、魁星、朱衣神、孚佑帝君、文衡帝君）的作用，故别称魁星阁。

三人登上这座三层宝塔，四周街市与之相接，邻近景色尽收眼底，灯火交映下，他们好像正坐在一颗闪烁星辰上，俯瞰整座城市。

扬州三宝

　　既然来到了扬州，怎能不体验一下"扬州三宝"。

　　扬州三宝，其实就是扬州三把刀，分别为菜刀、修脚刀和理发刀，这三把刀象征着扬州人民对饮食、民俗和美的追求。

菜刀

修脚刀

理发刀

　　扬州三把刀有着 2500 多年的历史，因为扬州自古富庶，老百姓才有精力享受生活。据说全国各地的修脚师傅都师从扬州，全套修脚工具共有 5 种 12 把之多。当地的理发功夫更是一流，曾被乾隆皇帝御赐"一品刀"名号，宫中的理发事宜都是专门请扬州师傅操办的。

扬州漆器

　　扬州漆器与三把刀齐名，早在战国时便
开始制作，唐代随鉴真大师传播到日本。
扬州漆器色泽艳丽，以金银珠玉点缀，
辅以高超的雕刻绘画技艺，连白
居易都发出"缀珠陷钿贴云母，
五金七宝相玲珑"的感叹。
扬州漆器获得过三次世界博
览会金奖，在过去是皇宫
贡品，如今更是珍贵的外
交礼品。

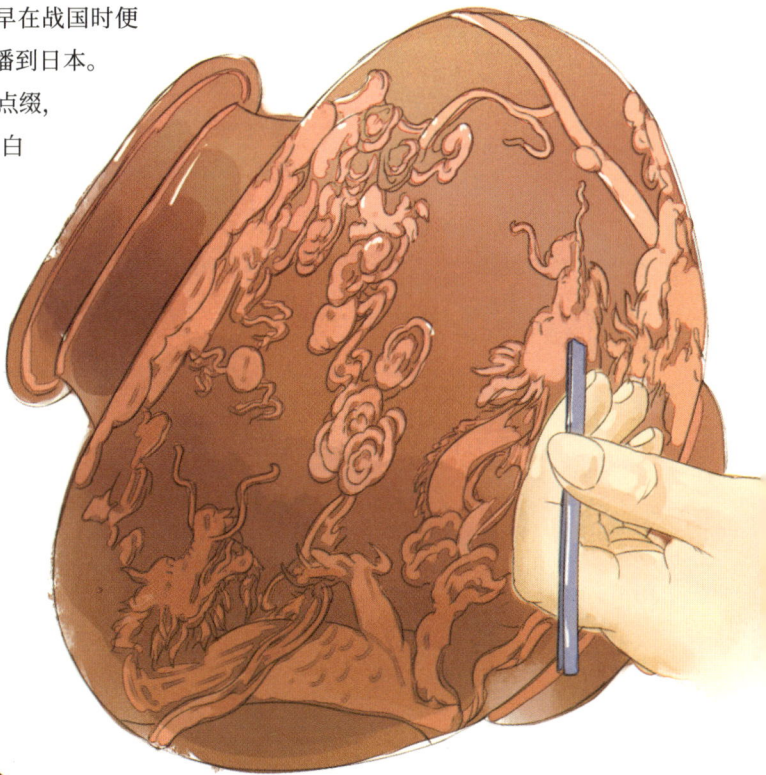

重见天日的水工遗存

刘堡减水闸

为追寻沿河居民的生活轨迹，三人来到了扬州最北端的世界遗产——刘堡减水闸。这座直到2012年才被发掘出来的遗迹，曾将弘济河与宝应湖分离，奠定了扬州里运河之基，同京杭大运河一起被公布为世界文化遗产。

这座在明清两朝发挥重要作用的水闸，见证了大运河的沧桑变化。

三人走在滨水步道上，东侧是沉寂了400年终于重见天日的水工遗存，西侧是喧闹了千年始终船流如织的航运动脉。三人似乎正走在一段寻根之旅中，在这里不仅看到了运河现今的繁荣，更领悟到了运河为何繁荣。

中国邮驿"活化石"

高邮盂城驿

在"东方邮都"高邮有一处世界遗产，坐落于刘堡减水闸的南边，叫作盂城驿。

年年颇为兴奋地说，这里可是全国规模最大、保存最完好的古代驿站。盂城旧时为高邮别称，足以看出该驿站的历史地位。

"吾乡如覆盂，地处扬楚脊。"高邮因"邮"生，也因"邮"兴盛，早在秦王嬴政时便在这里设置邮亭，明代正式建立城驿。驿中的皇华厅是接官厅，一旦有朝中重臣路过，当地官员需在此宴请迎接。

各具风情的园亭

个园

如果说苏州的园林是大家闺秀，那么扬州的园林便是窈窕淑女。其中最为出名的就是个园与何园。

个园原为寿芝园，因主人喜竹，故用颇为形似的"个"字命名。院内的四座假山另有玄机，笋石、湖石、黄石、宣石叠成四季寓意。

个园是扬州历史最悠久、保存最完整的园林哟！

也是中国第46个世界文化遗产！

阿槑发现，园中的竹林居然处处不同，共有 60 多种！设计者匠心独具，四座假山不仅定下园林风格基调，更将园林分成四个部分。

春山

春山以散置参差的笋石比喻"雨后春笋"，虽无春字却春意盎然。

夏山

夏山以色泽青灰的湖石叠成形态舒展、多姿多变的云彩，远观似雾起云涌。

秋山

秋山以粗犷的黄石组成绝壁嶙峋，为温婉的江南水乡增添北方的豪气。

冬山

冬山为安徽宣石横卧，似未消白雪、似初放蜡梅，四时观之皆有临冬之趣。

何园

享有"晚清第一园"美誉的何园，同样令人印象深刻。长达 1500 米的回廊如同园林的骨骼，通往每一处景色。梅花、桂花、梧桐、芭蕉等植物让四季之景不断，甚至朝夕亦不相同。

何园分东西两部分，东园以"月作主人梅作客，花为四壁船为家"为题，正厅形似渔船，周围瓦片铺地，如同波涛；西园楼厅围池而建，屋顶造型别致像展翼蝴蝶，俗称蝴蝶厅，远看蝴蝶厅像蝴蝶点水，甚有趣味。

130

河水滔滔运盐忙
汪鲁门宅

　　说到古运河边最大的住宅建筑，不得不提汪鲁门宅与卢氏盐商住宅。

　　汪鲁门宅为徽派建筑，又称"汪鲁门盐商住宅"，主人叫汪泳沂，字鲁门，是最后一批盐商大亨之一。1700平方米的宅院有九进房屋，依次递高，寓意着步步高升，也见证了运河的荣辱兴衰。

他家可真大，都快赶上我的龙宫了！

卢氏住宅与盐宗庙

卢氏住宅又称"卢公馆"，主人卢绍绪为清盐场盐课大使。

宅第规模庞大，当时耗资纹银七万八千两，被誉为"盐商第一楼"。

住宅旁的盐宗庙为清同治时期两淮众盐商捐建，里面供奉了对盐业有着重要作用的三个人：人工盐的首创者夙沙氏、盐商的祖宗胶鬲、食盐专营的创始人管仲。

偹食弊功

凤沙氏

胶鬲

市井炊烟
东关街

这条延伸至运河边的历史老街虽只有千余米，却是以前扬州市的商业、手工业和宗教文化中心。

穿过热闹无比的人群，你会看到售卖油米、瓜果的店铺，制作箩筐、漆器的工艺品店，还有广陵书院、安定书院等学堂，甚至还有一座明代的准提寺，闹中取静坐落在这里。

"真热闹，就像电视里演的一样！"阿粿不禁感叹道。

"那是当然喽！东关街可是中国十大历史文化名街之一，更是扬州运河文化的窗口！"年年开心地说道。

站在东关街上，竟然能看到远处一座高塔直插云霄，小锦鲤不解地问年年那是什么宝塔。

"那是鼎鼎有名的大明寺，不过想要去宝塔，我们得先去瘦西湖逛一逛哦！"年年对二人说道。

"雁齿虹桥俨画图"
瘦西湖

　　"故人西辞黄鹤楼，烟花三月下扬州。"大名鼎鼎的扬州瘦西湖就坐落在卢氏住宅的不远处。

湖水虽瘦，景色却不瘦。瘦西湖水畔桥台极多，年年感叹这里的每一座建筑并非用砖石，而是用诗构成的。

流传在杜牧"二十四桥明月夜，玉人何处教吹箫"诗句中的二十四桥，就在瘦西湖风景区。

陈宓相约友人"安得一千里，同携登此台"，说的便是瘦西湖风景区的熙春台。

郑板桥笔下"月来满地水，云起一天山"里的月观、小金山，还有每年举办万花会的万花园、位列扬州二十四景的大虹桥、为纪念辛亥革命而建的徐园等等，都在瘦西湖风景区。

阿粿四下观赏，生怕漏下任何一处。

这里真神奇，好像每一处都有文人留下的诗篇！

高塔入云间
大明寺

大明寺

　　三人欣赏完瘦西湖的美景之后，来到了在东关街上就吸引众人眼球的大明寺。

　　大明寺始建于南朝宋，距今有1500多年历史，乾隆皇帝亲笔题书"敕题法净寺"。东渡圣僧鉴真曾任该寺住持。寺中最著名的是"栖灵塔"，最早为隋文帝所建，相传供奉着佛祖释迦牟尼的舍利。塔身九层，巍峨雄壮，被誉为"中国之尤峻特者"。唐会昌三年（843），栖灵塔毁于火灾，如今的塔是重建的。

　　登上塔顶，就能远远望见一片市井喧嚣的东关街。

丝竹凤管舞霓裳

高邮民歌与扬州木偶戏

"听！有人在唱歌！"阿槑拉着年年指向一队载歌载舞的人群。

"是高邮民歌！"年年说道。

高邮民歌因当地人耕作、打鱼而创作，内容均是对生活的热爱。《数鸭蛋》《回家乡》《秧歌号子》，每一首民歌，都是流传在百姓口中的"《荷马史诗》"。

"旁边伴舞的是扬州木偶戏！它们不仅样子小巧，还和京剧同根同源呢！"小锦鲤一边拍手一边赞叹。

扬州的杖头木偶与泉州的提线木偶、漳州的布袋木偶并称木偶戏三大源流，是国家级非物质文化遗产。《穆桂英大破天门阵》《水漫金山》等经典木偶戏作品不仅经常登上民俗表演的舞台，更成为国际文化交流的重要纽带。

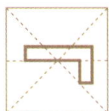

扬州式的慢生活

"皮包水"和"水包皮"

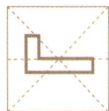
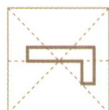
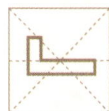

扬州酱菜

三丁包子　肴肉

蟹黄汤包　扬州干丝

白汤脆鱼面　豆腐皮包子

虾籽馄饨　千层油糕

烫干丝

扬州人热爱生活，更懂享受生活，"慢"字贯穿他们生活的核心。

早上"皮包水"，晚上"水包皮"。

一杯清茗加上虾籽馄饨、白汤脆鱼面、蟹黄汤包等特色早点，相邀三五好友围在桌边，一边谈天说地，一边品味佳肴，浓浓的人情味体现了淳朴的民风，入口的甜美唤醒了每一天的清晨。

"水包皮就是泡澡，扬州人泡澡可不光是为了清洁，浴室也是重要的社交地点哟！"

三人在热气腾腾的水中静卧，小锦鲤游到阿槑身边轻声说道："有规律的泡澡还能延缓衰老、保养皮肤！"

千层油糕 ←

→ 蟹黄汤包

酱黄瓜 ↑

→ 糖醋蒜

舌尖上的
扬州

泡完澡，三人肚子都饿得
咕咕叫，年年盛赞扬州美食，
说得小锦鲤直流口水。

蟹粉狮子头

拆烩鲢鱼头

扬州有大名鼎鼎的"三头"——
拆烩鲢鱼头、扒烧整猪头、蟹粉狮子头，
还有闻名遐迩的高邮鸭蛋、扬州炒饭。

扒烧整猪头

拆烩鲢鱼头去骨而形不散，汤浓而肉不碎，满满吃上一口，全是滋润养颜的胶原蛋白；扒烧整猪头看似粗犷，实际口感细腻，厚实的猪头肉软硬适宜、肥瘦相称，文火烹饪后的滋味被锁入每一寸肉皮当中；还有用河蟹与猪肉制成的蟹粉狮子头，俗称"蟹黄斩肉"，相传同"松鼠鳜鱼""金钱虾饼"一起被隋炀帝评为扬州三大名菜。

高邮鸭蛋

高邮鸭蛋咸香，汪曾祺曾专门为其撰文《端午的鸭蛋》，秦少游将之作为送给苏东坡的礼物；宝应慈姑营养价值丰富，是御用贡品；而以一个城市命名的食物扬州炒饭，足以彰显其影响力。

老百姓家里最常吃到的大煮干丝又名九丝汤，是用鸡汤炖煮的豆干、火腿等九种细丝，据说乾隆皇帝南巡时十分喜爱这道菜。

扬州炒饭

淮安

融南汇北润运都

HUAI AN

洪泽湖大堤

　　"这一眼望不到头的堤坝，好似盘踞在水上的长城啊！"阿槑站在堤头极目望去，忍不住感叹道。

　　洪泽湖大堤位于洪泽湖东岸，始建于东汉建安年间，距今已有1800多年的历史，古称高家堰，是一条完成于明清、加固于当今的重要堤防，也是世界上最长最宽的大堤，被誉为"水上长城"。

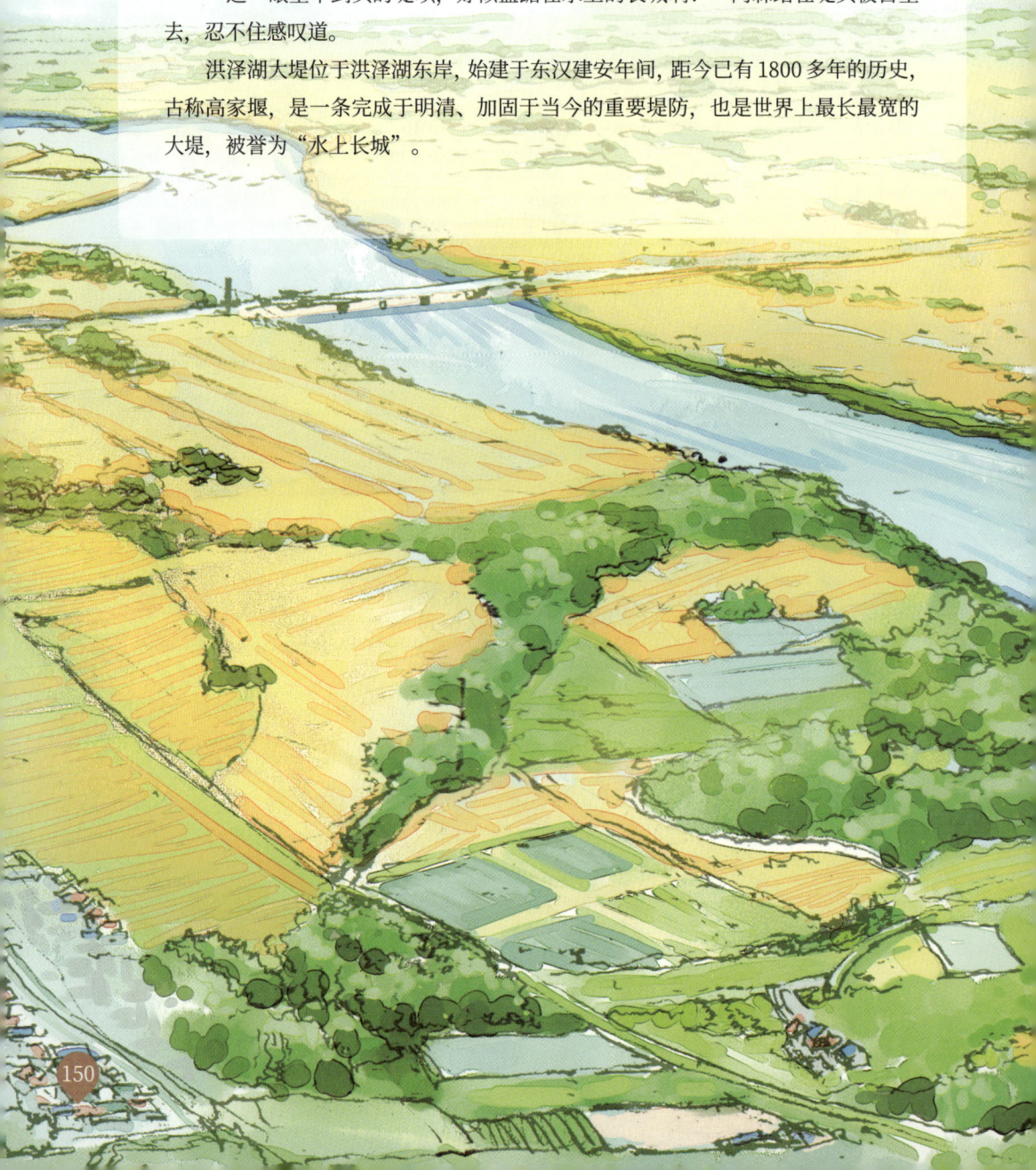

洪泽湖大堤于 2006 年被列入全国重点文物保护单位名单，2014 年中国大运河申遗成功，洪泽湖大堤作为重要遗产点之一列入《世界文化遗产名录》。

看着大堤两侧村庄、城市、鱼塘、麦田平静安然的模样，小锦鲤对洪泽湖大堤肃然起敬，但环顾四周并没有看到龙门。

"或许沿着洪泽湖大堤，到黄河、淮河、大运河交汇处的清口枢纽，就能看到龙门！"年年指向大堤的尽头提议道。

三人相视一笑，向清口枢纽走去。

匠心独运的河运枢纽
清口枢纽

在中国的河道史上，南宋时期的黄河夺淮入海事件可谓赫赫有名。

而作为事件中心点的清口枢纽，是中国大运河上最具科技含量的枢纽工程之一，被誉为"中国水工历史博物馆"。

"据说，康熙、乾隆皇帝每次南巡，都会亲临清口，你们看这惠济祠碑，上面还能依稀看到乾隆皇帝题的字！"年年兴奋地指着碑说道。

清口水利枢纽保留着近百处历史遗迹，包含着大量的闸、坝、堤、堰。

三人一路观赏，忍不住啧啧称赞："真是佩服古人的智慧，居然驯服了黄河的滚滚巨流，让它能和淮河、运河和平共处！"

"你们看！这是不是龙门？"小锦鲤兴奋地大跳起来。

惠济祠碑

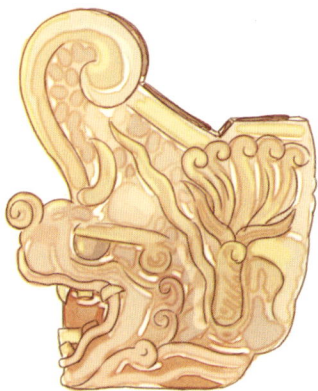

这是不是按照我的模样雕刻的？

双金闸

"那是盐河渠首双金闸，现在改建成夏家湖南电站了！"年年摆摆手稍显遗憾。

跟许多保留至今的文物建筑一样，双金闸也经历了涅槃与重生。

最早的双金闸并不是阿槑他们现在见到的这座，它始建于康熙二十四年（1685），起初是用以防洪引水，后来加入漕运的大家庭，为来来往往的船只保驾护航。

到了民国时期，一场大水致使双金闸南墙倒塌，闸底被水冲坏。

英国工程师莱因主持修复双金闸时，采用了西方水利的新技术和新材料，双金闸因此成为江苏省第一个使用水泥作为胶结材料的建筑工程，也成为当时水利工程建筑技术的样板。

双金闸

清江大闸

相比命途多舛的双金闸，同样赫赫有名的就是大运河上仅存的维护得最好的一座古闸——清江大闸。

清江大闸连接了清江浦运河两岸，阿槑站在桥上，仿佛还能看见当年漕船相接、商贾云集的场景，突然理解了"不到大闸口，不知天下大"这句话的含义！

"这里可是整个淮安最具古韵的地方哦！你们可得好好逛逛！"一位当地人热情地介绍道。

清江大闸

"漕运帆樯去似飞"
总督漕运公署遗址
（中国漕运博物馆）

　　大运河的命运始终与漕运制度相伴相生，而明清两代国家管理漕运的最高机构——总督漕运公署就设在今天的淮安。历史的色彩随着时间渐渐褪去，如今的总督漕运公署已经变成了目前唯一展示中国漕运历史和文化的专题博物馆——中国漕运博物馆。

阿槑三人走进博物馆幽暗的地下展厅，仿佛叩开了历史的大门。

随着 180 度巨幅投影卷轴在眼前缓缓展开，古代淮安的城门也在眼前徐徐开启，总督漕运公署宏伟壮观，街铺粉墙黛瓦，酒肆、当铺、钱庄的幌旗迎风招展，淮丰米行五谷满仓，淮宾楼美酒飘香，一群儒商与学子们觥筹交错、谈诗论文……

"都说历史是静默的，可在这里，历史是舞动的！"阿槑睁大眼睛，想要记录淮安历史的每一刻。

《晚经淮阴》

〔清〕爱新觉罗·玄烨

淮水笼烟夜色横，

栖鸦不定树头鸣。

红灯十里帆樯满，

风送前舟奏乐声。

跟着阿焱游运河

机构图

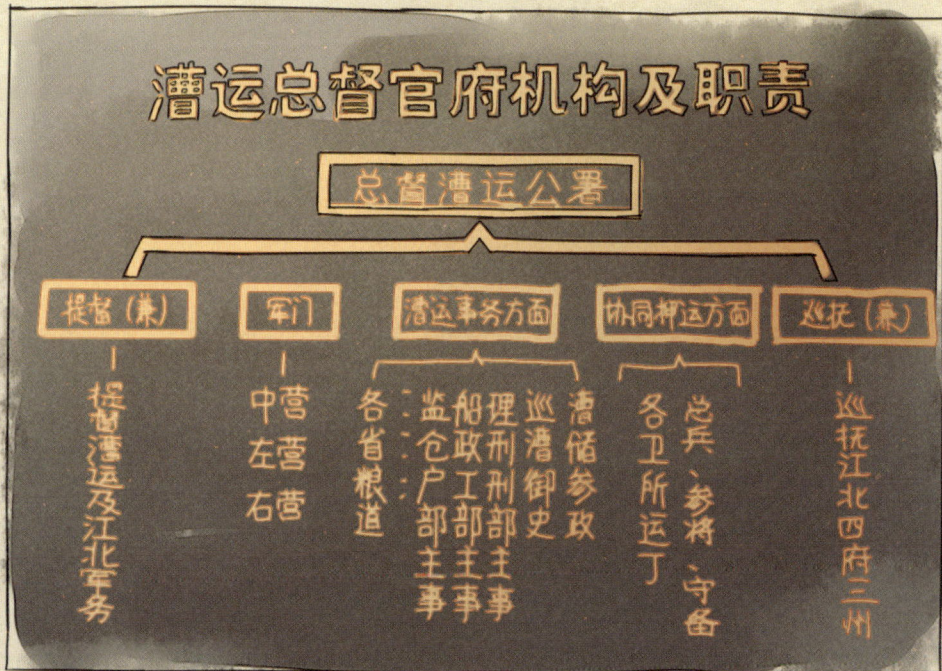

漕运总督官府机构及职责

总督漕运公署

提督（兼）	军门	漕运事务方面	协同押运方面	巡抚（兼）

提督漕运及江北军务

中营 左营 右营

各省粮道 ⋯⋯ 户部主事 监仓工部主事 理刑刑部主事 船政 巡漕御史 漕储参政

各卫所运丁 总兵、参将、守备

巡抚江北四府三州

漕运总督代表人物

【明】 王竑

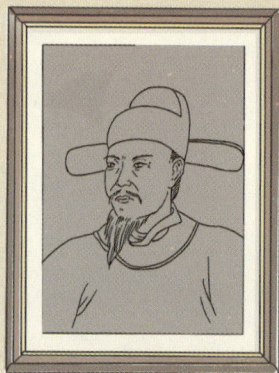

【明】 李三才

158

【明】 史可法

【清】 蔡士英

【清】 施世纶

【清】 铁保

【清】 张人骏

"轮奂鲜明，甲于邻郡"

淮安府署

　　连着中国漕运博物馆的便是淮安府署，一进府署的大门，雅致古朴的建筑风格便深深地吸引了三人：那高大、庄严、肃穆的镶有"公生明"三字的石牌坊，青砖小瓦的古屋，正方形黄道砖地面……尤其是门口那对头首相对，威武、雄壮的石狮子。讲解员告诉他们，淮安府署是目前国内仅存的两座府署之一。

　　淮安府署共分三个片区供游客参观，其中让三人最挪不开脚步的是吏科和刑科。

　　吏科里两组逼真的蜡像生动地再现了淮安府历史上有名的"傅希挚送布"和"李毓昌奇案"的故事。

傅希挚是明朝万历年间的漕运总督，在任期间，他革除弊政、节省公帑，又洁身自好、清廉守正，卸任时，个人物品里仅有一块黑纻布。

　　"李毓昌奇案"被称为清代"四大奇案"之一。清朝嘉庆年间，淮安发生大水灾，朝廷拨款九万多两赈灾银。勘察赈银发放的李毓昌，突然在住所自缢身亡。后经查证，为遭人陷害，并牵扯出朝廷腐败内幕，积弊之重。

　　而刑科内"窦娥冤"正在大屏上生动上演，小锦鲤驻足观看，突然变得沉默起来，心情也越发沉重，忍不住叹息道："几百年前，在这里发生过多少曲折离奇的故事呢？"

　　"是啊！从傅希挚到李毓昌，淮安府署用无声的笔墨向世人描述了一个又一个发人深省的故事。"年年回道。

十里长街送总理
周恩来故居

周恩来同志故居

就在淮安府署的不远处，周恩来总理的故居就坐落在此。

这处驸马巷里普普通通的小院，记录了他儿时的第一次啼哭声、童年的欢笑声、少年时琅琅的读书声，也承载着无数游客对周总理的思念。

故居的大门上悬挂着由邓小平同志亲手题写的"周恩来同志故居"门匾。三人走进院落，从周总理出生的卧室到读书的房间，最后停留在院子里的那口古井前，心情久久不能平静，"为中华之崛起而读书"的誓言时时在三人耳边回响。

他们仿佛看见一个少年，在书海中追寻报国的伟大梦想，最终成为新中国的脊梁。

周恩来纪念馆

和周恩来故居遥遥相望的便是周恩来纪念馆，与故居相比，这里的建筑显得更加雄伟壮观。

年年显然已经做好了准备，迫不及待地跟阿籴和小锦鲤介绍起纪念馆建筑的寓意："你们看这主馆高 26 米，呈四方形，内八角，寓意着周总理精神普照中华大地的四方八面。而这四根花岗岩石柱，则寓含着周总理生前曾先后四次提出要在我国实现'四个现代化'的宏伟设想。"

"原来如此！那这屋顶可有什么说法？"阿籴指着四面坡型屋顶，想要考一考年年。

"你们看这屋顶像什么？"年年问阿籴和小锦鲤。

阿籴和小锦鲤摇摇头，表示不知道。

"像不像古老江淮平原上提水灌田的牛车棚？"年年说道。

"你这么一说确实很像！"阿籴点点头。

"它其实寓意着周总理一生为人民服务的'老黄牛'精神。"年年继续说道。

三人边走边聊，沿着台阶拾级而上，来到二楼瞻仰大厅。

只见周总理汉白玉座像庄严地摆放在大厅中央，三人缓步向前，满怀敬意地对着座像三鞠躬，深切缅怀一代伟人。

异彩纷呈的水城景致
里运河文化长廊

  清江浦运河也叫里运河，是京杭大运河最早修凿的河段，像一条熠熠生辉的玉带，串起两岸无数人文遗珠。

  据说乾隆皇帝当年视察清江浦，看到清江浦上轻歌曼舞、百业兴旺的繁荣景象，用浓墨将清江浦的"浦"一点水点到了下面，寄托"淮水安澜"之意。

  如今，清江浦运河已经成为里运河文化长廊的核心，以清江浦为"起"点，"承"漕运城，"转"山阳湖，最终"合"到河下古镇。

  "起、承、转、合"四大景区，向人们诉说着往昔"运河之都"的历史，也为淮安增添了一张崭新的名片。

  "这里风景虽美，却丝毫没见到龙门的影子。"小锦鲤沮丧地说道。

  "小锦鲤别着急嘛，我们沿着里运河文化长廊，去河下古镇看看！"年年说道。

里运河·文化长廊夜景

河下古镇

三鼎甲齐全

说到周恩来不得不提的就是河下古镇，童年的周恩来曾经和儿时的伙伴在河下古镇嬉戏。

河运的发达带给河下古镇曾经的喧嚣显赫，一批富甲一方的盐商在这里造园筑宅，形成了河下甲第连云、亭林不绝的胜景。而最为著名的当属数里之长的青石古街，它连接着木色深沉的砖木老宅，也连接着从古至今的绵延乡情。

在青石古街的巷子里，坐落着状元府邸、宗教庙宇及一批名人故居，通过修缮维护，已重获生机，明清的风情韵致，如今竟也能一饱眼福。

三人走在石板路上，忽闻一阵香味，阿槑环顾四周，肚子不争气地咕咕叫了起来："我们走了半天，我都饿了。"引得年年和小锦鲤忍不住吐槽："阿槑，你可真是个吃货！"

地春光明

河下古镇

小大姐上河下坐北朝南吃東西

传说这可是难倒了乾隆皇帝和纪晓岚的对子呢！

抗金英雄梁红玉

名菜品淮安

　　"来到淮安，一定要品尝河鲜，一条长河，千种滋味！"年年拿起一只盱眙龙虾，只见虾肉紧致饱满，用十三香烹制后更是麻、辣、鲜、香俱全，让人回味无穷。

软兜长鱼

盱眙龙虾

平桥豆腐

白袍虾仁

洪泽湖大闸蟹

小锦鲤端起一碗平桥豆腐，刀工极细的豆腐配以各色菜丁，尝一口只觉汤清味美。阿槑看着桌上的菜，瞬间食指大动。淮安软兜长鱼鲜嫩可口、别具一格；白袍虾仁色泽晶莹、唇齿留香；钦工肉圆入口弹牙；开阳蒲菜酥脆可口；蒋坝酸汤鱼圆软嫩爽滑；活鱼锅贴鱼鲜饼脆；朱桥甲鱼羹、淮阴码头羊肉汤亦是让人垂涎。

阿槑一勺又一勺地往嘴里送菜，把菜吃个精光，吃完后摸着自己圆滚滚的肚子笑道：“东南第一佳味，果然名不虚传！”

钦工肉圆

活鱼锅贴

蒋坝酸汤鱼圆

凝结在光影中的 艺术

在淮安，令人惊喜的不仅仅是美食，还有那传承千年的绝美艺术。

"你们听，好像有谁在唱歌！"阿籴指着前方，"我们去看看吧！"

三人寻着歌声的方向走去，只见阿姨们正跟着乡土味十足的音乐热烈地跳着舞。

"这是金湖秧歌！"年年激动地说。

据说朱元璋称帝之后，曾下令将苏州地区的一部分士绅商贾迁移到外地垦荒屯田，江南的"稻作文化"与本土歌谣在金湖这片土地上交融发展，形成了金湖秧歌的雏形。

金湖秧歌

淮海戏

"与之旗鼓相当的那便是淮海戏了！"年年介绍道，"一样带有极其浓厚的乡土魂，讲的都是老百姓的生活故事，逐渐成为苏北百姓喜闻乐见的乡音。"

"我们淮安还有楚州十番锣鼓和洪泽湖渔鼓呢！"站在一旁的老人忍不住插话道，"都入选了《国家级非物质文化遗产名录》哦！"

洪泽湖渔鼓

"爷爷，那你知道淮安有什么传说吗？"小锦鲤见是老淮安人立刻来了精神，"里面是否提到龙门在哪？"

　　"淮安最有名的传说那应该就是大禹锁镇淮河水怪巫支祁的传说了，巫支祁形如猿猴，引得水患不断，后被大禹压在龟山，淮水乃安。有种说法，吴承恩就是根据巫支祁塑造的孙悟空，要不你们去吴承恩故居看看，里面或许有你们要寻找的龙门！"

"红尘闭门远，碧月入苑深"

吴承恩故居

　　吴承恩故居可谓是河下众景中的一张独特名片，坐落在逶迤的打铜巷中，除了吴承恩生平陈列厅，美猴王世家艺术馆也在此处。

　　走进大门，首先映入三人眼帘的是一片苍翠的竹林，修竹丛丛、绿叶婆娑、摇曳生姿，给人一种虚怀有节、幽雅恬淡之感。

174

"'宁可食无肉，不可居无竹'，吴承恩一生宦途困顿，却不随波逐流，这一丛修竹不正是他一身傲骨的写照吗！"年年不由感慨道。

　　"射阳簃"是吴承恩的书房。在书房中，我们似乎看到吴承恩在案前奋笔疾书创作《西游记》的样子。

　　当年的他官场失意，生活贫困，又遭到势利之徒的讥骂，《西游记》可谓是他在晚年用生命写出来的巨著。

　　了解了吴承恩的故事，感佩着他乐观的精神，小锦鲤瞬间对寻找龙门又恢复了信心。

　　"让我们继续沿着运河北上，一定会找到龙门的！"小锦鲤对着阿籴和年年说。

江东草木忆英雄

宿迁

SU
QIAN

"生当作人杰"
项王故里

继续沿着运河北上，三人来到了西楚霸王项羽的故乡——宿迁。这座古城有着 5000 多年的文明史和 2700 多年的建城史，被称为"楚汉文化之魂"。

英雄不论出处，英雄无论成败。

当时光再度回归，项羽雕像上除了杀伐果断的威严，更多了一丝悲壮。

项王故里

项王故里坐落于古黄河与京杭大运河之间。这里充满楚地汉风，见证过诸子百家的争鸣、亡秦必楚的决心、沧海横流的壮阔、四面楚歌的悲凉、自刎乌江的不甘。

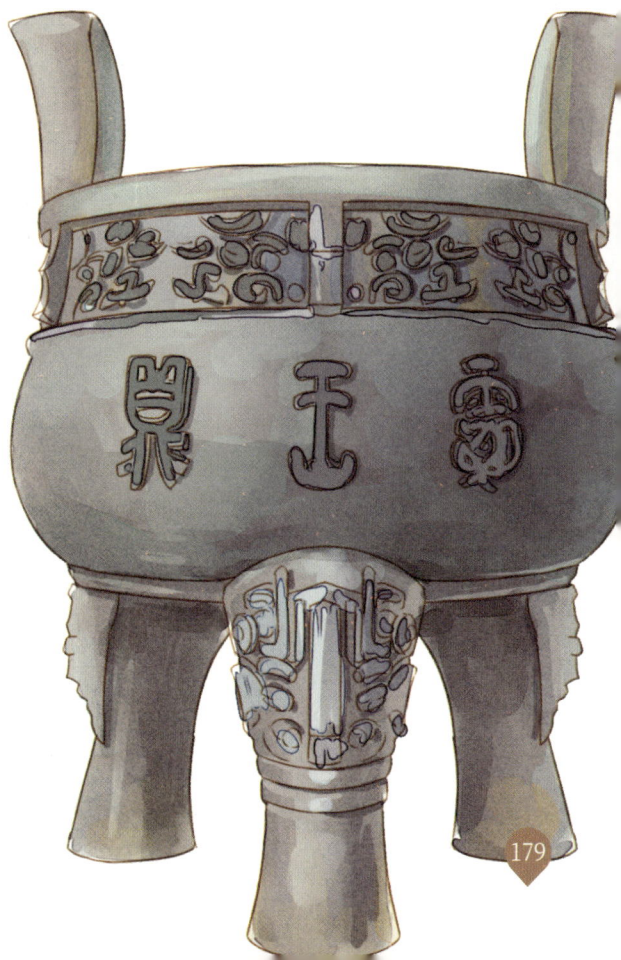

这里可是楚霸王项羽的老家哦！

霸王鼎

龙王庙行宫

大运河畔的堂皇宫殿

勑建安澜龙王庙

在大运河旁，有一处龙王庙行宫。"这里是乾隆行宫，北邻骆马湖，南接黄河故道，是全国规格最高、规模最大、唯一保存完整的古代行宫建筑哟！"年年向二人介绍道。

清乾隆皇帝六次南巡曾有五次驻跸于此，故而又称"乾隆行宫"。深得帝王青睐的建筑群自然华丽无比，年年觉得它虽名为行宫，可整体规模却相当可观，有气势磅礴的钟鼓楼，雄伟的御碑亭，还有高大的古戏楼。

"乾隆行宫对考古学者来说可重要了哩！你看这些雕梁画栋的建筑，蕴藏着极高的艺术与文化价值！"年年对阿槑说道。

石雕上的动物

这是你的石雕动物园吗？

怎么，不气派吗？

岛中圣殿

泗阳妈祖文化园

天下第一媽祖聖像

作为大运河中段唯一一处保存完好的妈祖文化建筑，三面妈祖像象征宗教文化与运河文明的交融，更是海上丝绸之路的守护神，承载着百姓对于风调雨顺、国富民强的美好期盼，被誉为"天下第一妈祖"。

"阿槑，妈祖像高 32.3 米，你知道这是为什么吗？"年年问。

阿槑摇摇头，小锦鲤立刻接话道："因为妈祖诞辰日为农历三月二十三日！"

妈祖园建于两座小岛——如意岛和吉祥岛上，特别是天后宫，有 300 多年的历史，前殿左右砖雕分别为"河清""海晏"，合在一起便是天下太平的意思。

山水相映，别有洞天
骆马湖湿地

　　紧贴着运河，有一片骆马湖，作为江苏第四大湖泊，北纳沂蒙山来水，据水源之富有；南汇运河之波涛，占航运之要冲。京剧舞台上的《落马湖》、大鼓说唱里的《打蛮船》、百姓口中的《拉纤歌》都取材自这里。

　　除了传奇故事，古时战场遗址亦藏于山水间：东岸的马陵山上留有秦汉时的"霸王扳倒井"，还有薛仁贵征东的藏兵洞、宋将韩世忠抗金的兵营等等。

山湖相映、沿岸曲折，船只如同诸多明珠镶嵌水面。三人站在湖边，任清风吹拂面颊，整个人仿佛都要融入这幅绮丽的山水画之中。

"洲岛连水水连天"
洪泽湖湿地景区

同为湿地，骆马湖充满文墨书香，洪泽湖则尽展自然之美。

"我听说洪泽湖是中国第四大淡水湖！"阿槑望向年年。

"不错！这里也被评为中国十大生态休闲基地哟！"年年点头。

湿地景区内湖水浩渺、荷花飘香，芦苇荡组成迷宫，湿地生态博物馆、古泗州文化博物馆记载着文化的传承，荷花大观园、玫瑰园里奇花争艳；更有白鹭洲、孔雀园、鹿园、鱼族馆等动物世界。

洪泽湖鱼族馆
Hongze Lake Aquarium

"江苏的西双版纳"三台山国家森林公园

就在骆马湖湿地旁，便是著名的三台山国家森林公园。山下是水、水中有山，山水间荡漾着一片花海，如同城市中的"绿肺"。

山中树木古朴、沟壑纵横，登高远望，可见西面骆马湖烟波浩渺；葱茏绿意随山峦起伏，好似绿海巨浪，与平静湖面遥遥相对。

"这里竟然有柳、毛竹，还有水杉，那个是山楂！"阿㸚赞叹道。

"公园里有 70 多种植物、100 多种动物，一年四季景色各异，春华秋实颜色缤纷哟！"年年笑着说。

三台山连绵不断，每至夕阳，层林尽染，金黄色的霞光照遍每一处角落，是"宿迁八景"之一。在林间的每一次呼吸，都能闻到一种难言的原始苍茫的味道。不止

山水，附近还有薛仁贵征战高丽时的点将台，以及全国重点文物保护单位晓店青墩遗址。

山与水相伴，人与情相生，年年告诉阿㸚和小锦鲤，这里还有八仙洞、张果老追驴、关公与三台山的传说，美丽的景色不仅带来了视觉享受，更丰富了精神世界。

美酒飘香说丰年

　　"一镇堪将天下醉，神州无处不销魂。"宿迁是酒文化的发源地之一，有"中国白酒之都"的称号。"洋河""双沟"这两款全国知名白酒均产于此。

　　这里有千年酿酒古镇洋河镇，国宝地窖、明清古窖多在此处。

　　好酒配好菜，泗洪被誉为"中国螃蟹之乡"，盛产的螃蟹滋味鲜美，是绝佳的下酒菜。

撕面皮

"霸王别姬"的故事深入人心，宿迁人民也将这一典故写进食谱。肥鸡、鳖肉一锅熬炖，鲜嫩酥烂、营养丰富，汤汁的清澄与滋味的醇厚完美交织，为宴席肴馔之上品。

"这是乾隆贡酥，相传乾隆皇帝二下江南时偶然品尝，立刻龙颜大悦，因此得名！"年年拿出一盘香脆的贡酥，引得二人口水连连。

年年继续说道："据说他第三次下江南时，品尝到了本地的黄狗猪头肉，成就了这道名菜。"这道菜被评为"宫中亦未有，海内应无双"。

朕甚是喜爱！

车轮饼

黄狗猪头肉

霸王别姬

泗阳膘鸡

铁画银钩，
妙笔生花

烙画

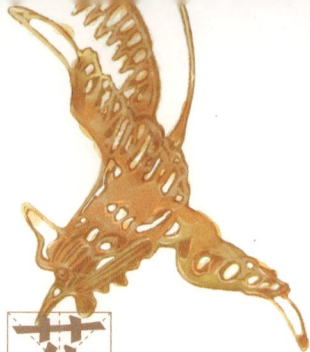

楚汉遗风让宿迁的文化风骨变得刚健有力，宿迁文化中尤以烙画最负盛名。与其他的软笔书法不同，它使用高温铁条，在竹木、宣纸上烫出烙痕。因为材料易燃，因此留给持笔者的时间有限，"意在笔先、落笔成形"，粗犷意境化为绕指柔，留下细腻的线条。

糖画

除了用铁作画，还能用糖作画。融化的麦芽糖焦香四溢，需要在其完全冷却前勾勒造型，同样时间紧迫。威风凛凛的游龙、绚丽多姿的彩凤、贪吃憨厚的猪八戒、火眼金睛的孙悟空，华夏精粹被孩子们拿在手中，咬一口嘴里甘甜。

苏北大鼓

锣鼓声响起，吸引了阿棵的目光，只见一人手持鼓槌，正在唱《岳飞传》。

"这是苏北大鼓，源自周庄王击鼓教化臣民，传承至今已经拥有《金枪北宋》《说唐》《月唐》《岳传》等近400种曲目"，年年解释道。

苏北琴书

除了大鼓，宿迁还有一种著名曲艺形式——苏北琴书。和前者单独表演不同，琴书可单口，也可对口、群口，但只讲宿迁方言，句式结构考究，说起来抑扬顿挫，伴有花腔，极具辨识度，其伴奏乐器坠胡、扬琴、木板亦带有十足的水乡特色。

云渡桃雕

云渡桃雕源于明朝，至今已有400多年的历史，是以桃子、胡桃甚至樱桃的果核为材料进行雕刻的民间工艺。

徐州

大风起兮云飞扬

XU
ZHOU

华夏九州 帝王之乡

三人刚刚接近最后一座城市，便感受到虎踞龙盘之势。年年说徐州曾是传说中的大彭氏国，乃江苏境内最早出现的城邑。徐州作为历史上华夏九州之一，自古便是兵家必争之地和商贾云集之所。

"我听说徐州有超过 6000 年的文明史和 2600 年的建城史，是帝王之乡呢！"小锦鲤感叹道。

徐州是两汉文化的发源地，有"彭祖故国、刘邦故里、项羽故都"之称，因其拥有大量文化遗产、名胜古迹和深厚的历史底蕴，也被称作"东方雅典"。

项羽

刘邦

徐偃王

张天师

彭祖

徐州汉文化景区

秦唐看西安，明清看北京，两汉看徐州。

徐州将历史文艺化，出土的汉墓、汉兵马俑、汉画像石并称为"汉代三绝"，特别是汉画像石以其独特的艺术风格、珍贵的历史价值与南京六朝石刻、苏州园林并称为"江苏三宝"。

年年告诉阿槑，徐州已发掘汉墓 500 余座，西汉楚王墓 9 处 16 座，其中最为著名的便是狮子山楚王墓和龟山楚王墓。

"当地人常说，足下的每一寸土地，都能找到金子呢！"年年说道。

小锦鲤听罢立刻准备开始翻土，引得二人欢笑不断。

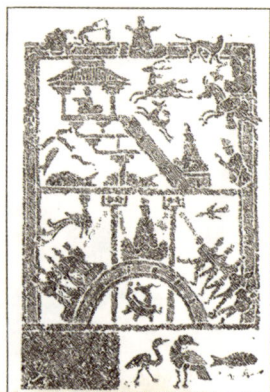

秦始皇泗水捞鼎图

金缕玉衣

兵马俑群组

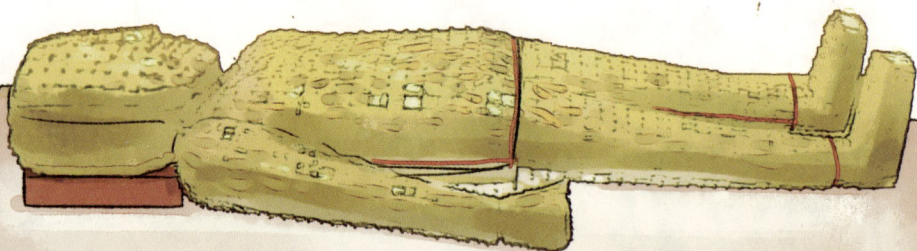

大运河畔第一古镇
窑湾古镇

东望于海，西顾彭城，南瞰淮泗，北瞻泰岱。

坐拥四方景色的窑湾古镇建镇至今已有 1400 多年历史。因其占据水陆交通要道，号称"黄金水道金三角"，更有"小上海"的美誉。

窑湾古镇地处充满水运柔情的运河两岸，被中国大运河网评为"最美运河十景"榜眼。

窑湾甜油

苏轼治水传佳话

黄楼

"重瞳遗址已尘埃，惟有黄楼临泗水。"

徐州既有女子的妩媚，也有男子的刚强。当年项羽大败秦军，于此分封18个诸侯王，建造了著名的西楚故宫。900多年前苏轼任徐州知州，率领徐州军民战胜洪水，并在城东门挡水要冲处建造高楼，因为"土能克水"，所以将高楼涂上黄土，取名黄楼。据说黄楼是用拆除西楚故宫霸王厅的材料所建。

"没想到一座楼竟然连起文武两大名人！"阿槑惊叹道。

"不止如此，北宋大词人秦观曾登楼作赋，无数诗人都曾来此抒怀，黄楼成为怀古咏今的文学符号。"年年回道。

黄河故道流经处 吕梁山

　　黄河故道是大运河的重要组成部分，如今也是通往吕梁山的重要通路。青山、碧水、奇石、古邑构成吕梁的四个关键词，吕梁奇石浑厚苍劲的造型深受收藏者追捧。

　　"三洪之险闻于天下"指的便是徐州洪、秦梁洪、吕梁洪三处激流险滩，春秋时孔子曾驻足吕梁洪边，面对天险留下"逝者如斯夫，不舍昼夜"的千古教诲。

　　吕梁山风景区内湖泊众多，包括梁湖、黄龙湖、悬水湖等，沿故黄河两岸共有七座大小水库，潮涨潮落之间见证了航运的兴盛。

吕梁十一景

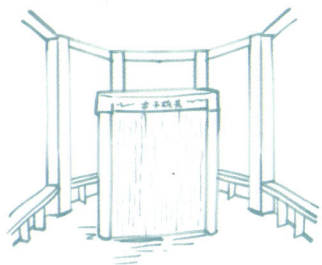

军歌嘹亮

淮海战役纪念馆

1948年，华东野战军和中原野战军及部分地方武装，在以徐州为中心，东起海州、西至商丘、北起临城（今薛城）、南达淮河的地区，发起规模空前的淮海战役。约60年后的2007年，淮海战役纪念馆在徐州落成，隆隆战鼓依旧响彻耳畔，众人仿佛回到了解放战争之时，革命先烈的英勇事迹是奋斗的最好诠释。

淮海战役纪念馆内的2万多件历史藏品，立体、真实地展现了新中国成立前革命先烈的浴血奋斗历程。

淮海战役烈士英名录

DIRECTORY
ON HUAIHAI MARTYRS

淮海战役烈士纪念塔

饮食中的楚汉遗风

传说彭祖是中国历史上第一位专业厨师，他受封于尧帝后，建立大彭氏国，也就是现在的徐州。相传在这里，他发明了羊方藏鱼、雉羹，并流传至今，也成为徐州的传统名菜。

说到徐州菜，不能不提东坡回赠肉。苏东坡任徐州知府时造福一方，百姓为表达谢意，纷纷杀猪宰羊，厨师将这些肉类一同烹煮，制成这道徐海名菜。

地锅鸡也是闻名全国的一道徐州美味，地锅的由来是过去徐州人都在自家小院里用石头垒灶，放上大铁锅，搁了菜，贴上锅贴，围炉而坐，席地而吃，因此称为地锅。

羊方藏鱼

东坡回赠肉

地锅鸡

沛县狗肉更是声名远播，相传汉朝大将樊哙原为屠狗户，恰好刘邦喜食狗肉，二人因此相遇相知，又在机缘巧合下开创了这道名菜。

"这里的每一样美食似乎都有数也数不清的故事呢！"阿籴感叹道。

"徐州美食就像盛开的花朵，美丽的花瓣之下是深入乡土文化里的历史根须。"年年回复道。

徐州烙馍

八股油条

徐州馆汤

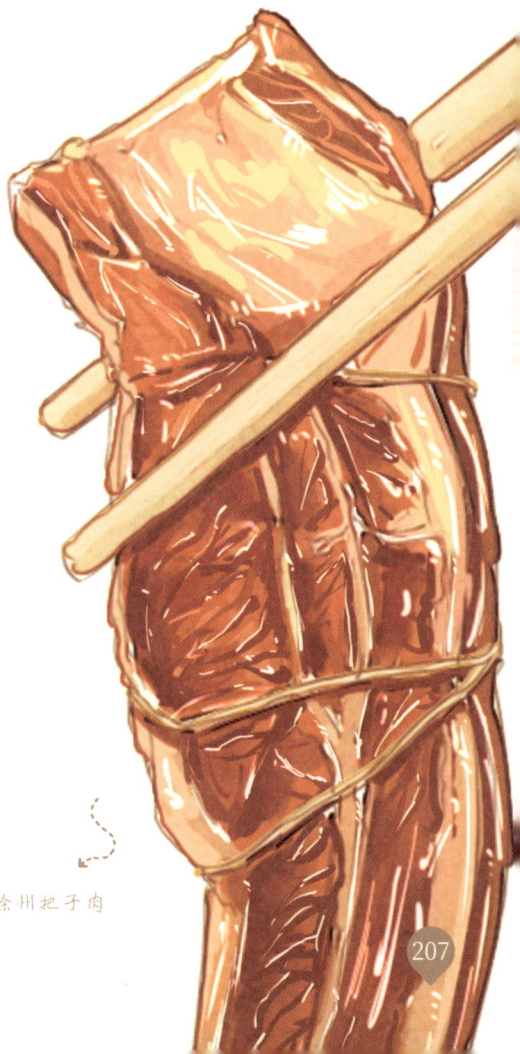

徐州把子肉

巧手制成天地色
徐州民俗

一条大运河，半部徐州史。徐州的历史不仅存于名胜，更在乎人文。

徐州剪纸流传于民间，是首批国家级非物质文化遗产。小小一张红纸，在民间艺术家的手中，变成风格各异的剪纸作品。

"孔雀东南飞，五里一徘徊。"

爱情作为人类最美好的情感之一，古往今来一直被吟咏传颂，而香包作为爱情信物，正如这份古老情感一般源远流长。徐州香包造型生动质朴，结合高超的刺绣工艺与楚汉遗风，形神兼顾，寓意美好。

徐州面塑师承齐鲁，虽然发展时间不长，却涉猎广泛、独树一帜。剪刀、梳子在一双巧手的操纵下，将经过和、蒸、揉、捏的面团做成种种生动的人物形象。旧时老百姓一直将粮食视为生命，而面塑便是大家对生命的朴素赞歌。

运河，是中国人用了 2500 年时间与自然共同完成的壮丽奇观。千年运河肇始于江苏，小锦鲤从这里开始，寻找自己的家门。旅途还在继续，文化还在传承，神奇的地方永远是下一站。